D1603734

Vivir sin miedo

Warren Mansell

Vivir sin miedo
Cómo vencer los temores y las fobias

Traducción de Irene Saslavsky

VERGARA
GRUPO ZETA **Z**

Barcelona • Bogotá • Buenos Aires • Caracas • Madrid • México D.F. • Montevideo • Quito • Santiago de Chile

Título original: *Coping With Fears and Phobias*
Traducción: Irene Saslavsky
1.ª edición: mayo 2009

© Warren Mansell, 2007
© Ediciones B, S. A., 2009
  para el sello Vergara
  Bailén, 84 - 08009 Barcelona (España)
  www.edicionesb.com

Printed in Spain
ISBN: 978-84-666-3986-6
Depósito legal: B. 15.901-2009

Impreso por LIBERDÚPLEX, S.L.U.
Ctra. BV 2249 Km 7,4 Polígono Torrentfondo
08791 - Sant Llorenç d'Hortons (Barcelona)

Dedico este libro a mi madre y a mi padre,
que me ayudaron a formularme preguntas
y no juzgar; a mi difunta abuela y a mi abuelo
(¡a punto de entrar en su décima década!);
y a Louise, a quien quiero mucho.

Contenido

Agradecimientos

Este libro no habría sido el mismo sin la ayuda, las observaciones y los comentarios de las siguientes personas: Stacey Lavda, Lorna Mansell, Angus MacDougall, Louise Dawson, Lorraine Morris, Annette Dawson, Tim Carey, Margaret Carey y Sam Cartwright Hatton. Quiero agradecer a los miembros de No Panic, que examinaron para mí otros libros de autoayuda durante las distintas etapas de la redacción de la presente obra. Gracias a Liz Hay por las evaluaciones que ha hecho del libro, y al «lector» del primer manuscrito por sus sugerencias tan útiles. Muchas personas han influido en las ideas que transmito en este libro, por lo que me siento en deuda con ellas. Se trata de David M. Clark, Paul Salkovskis, Adrian Wells, Anke Ehlers, Tim Carey, Bill Powers, Tony Morrison, Allison Harvey, Ed Watkins, Roz Shafran, Emily Holmes, Dan Freeman, Craig Steel, Sara Tai, Ian Lowens, Paul Gilbert, Ann Hackmann, Gillian Butler, Steve Hayes, John Kabat-Zinn, Mark Williams, John Teasdale, Richard Bentall, Tim Beck y David Burns. La conferencia anual de la British Association of Behavioural and

Cognitive Psychotherapies y sus organizadores, Philip Tata, Rod Holland y su equipo, han permitido que muchos de los pensadores y terapeutas citados expongan sus ideas más recientes e innovadoras. Gracias a Steve Jones, Juliet Mabey y Kate Kirkpatrick por impulsar esta serie de libros extraordinarios y darme la oportunidad de escribir este libro de autoayuda.

1

Este libro, ¿es para ti?

> El coraje no es la ausencia de temor. Consiste en actuar pese a éste.
>
> MARK TWAIN

El miedo es un sentimiento normal. Todos lo experimentamos cuando estamos en peligro, pero en general desaparece cuando estamos a salvo. Sin embargo, el miedo puede ser tan extremo y persistente que perturbe la vida de las personas y les impida hacer aquello que tienen ganas de hacer. El propósito de este libro es proporcionarte la suficiente información acerca del temor y cómo enfrentarte a él para que puedas recuperar tu vida. Enfocaré este tema desde mi papel como profesional de la salud con experiencia en tratar trastornos de ansiedad, y también, igualmente importante, como una persona más. El miedo puede estropearnos la vida y a menudo aparece en el momento más inesperado. No obstante, he comprobado que las personas somos capaces de aprender a enfrentarlo cada vez mejor.

Muchos aprenden a enfrentarse a sus fobias y algunos incluso logran recuperarse de ellas por completo, pero el camino puede ser lento e incluir reveses. Este libro no pretende que te apresures, no te obligará a enfrentarte a todos tus peores miedos. Es importante que las personas cambiemos a un ritmo que nos resulte cómodo, y el proceso de aprender a enfrentarnos al temor no supone una diferencia. Eres tú quien está al mando.

¿Qué son los temores y las fobias?

Lo repetiré: el miedo es un sentimiento normal, una manera vital de protegernos. Todos experimentamos miedo de vez en cuando; algunos mucho más que otros, a menudo por motivos muy comprensibles. Es normal que uno intente huir del peligro y ponerse a salvo, y con frecuencia las personas tienen excelentes motivos para hacerlo. Mirar a ambos lados antes de cruzar la calle es un buen ejemplo. Más adelante, te explicaré con mayor detalle qué significa exactamente el temor, incluido el modo en el que afecta a tu forma de pensar, tu conducta y tu fisiología. Cuanto más sepas acerca del miedo, tanto mejor equipado estarás para enfrentarte a él.

Se ha intentado definir la fobia de muchas maneras diferentes. En esencia, una fobia es un temor que perturba la vida de las personas. Un ejemplo: todos temen sufrir daños físicos, pero sólo algunos modifican su vida debido a ese temor, evitando salir de su casa o acudir a lugares muy concurridos. El grado de ansiedad es el que diferencia una fobia de un miedo, pero la causa de ese miedo es compleja y varía de una persona a otra. Intentaré explicarlo más adelante.

Algunos han afirmado que las fobias son «miedos irracionales». Sin embargo, esta definición ha demostrado ser poco fiable y no muy útil. ¿Quién ha de decir qué es racional o irracional? No me gustaría emitir ese tipo de juicio sobre otra persona. Soy muy consciente de que no siempre actúo de un modo completamente racional, y me alegro de ello. Así que este libro se centrará en la meta más importante, que consiste en recuperar tu propia vida y dejar atrás la fobia, y que los demás la consideren irracional, o no, resulta secundario.

Experiencias que quizás hayas tenido

Quienes tienen problemas de ansiedad a menudo han sufrido experiencias aterradoras que son incapaces de explicar, como temblores o taquicardias. Otros ejemplos incluyen pensamientos angustiosos acerca de peligros futuros, cosas que recuerdas una y otra vez, y sensaciones físicas como malestar, dolores, mareos y agotamiento. Muchas de estas experiencias están incluidas en el apéndice 1 de este libro. Figuran allí para que puedas consultarlas cuando sea necesario y cuando leerlas te resulte cómodo. Junto a cada experiencia aparece una explicación de lo que es y una explicación sencilla de por qué podría ocurrir. Si has sufrido cualquiera de ellas, es probable que este libro te resulte útil.

¿Quién podría sacar provecho de este libro?

El efecto del miedo es el mismo para todos, porque todos compartimos la misma biología, así que existen buenos motivos para suponer que este libro será de ayuda a todos aquellos que quieran enfrentarse mejor a sus temores. Supongo que a las personas que sufren una fobia muy específica, o a las que sufren diversas fobias y ansiedades, este libro les proporcionará información y técnicas útiles. A quienes sufren estados de ansiedad causados por un trauma, como el Trastorno por Estrés Postraumático (TEPT), también les resultará útil, al igual que a las personas cuya ansiedad se manifiesta en forma de ideas o rituales obsesivos. Además, proporciona ayuda para enfrentarse a la ansiedad, independientemente de que la fobia sea el principal problema. En particular, supongo que las personas a las que se les ha diagnosticado un trastorno psicológico grave que lean este libro aprenderán tanto acerca de cómo enfrentarse a su ansiedad como las que no han sido diagnosticadas. En el apéndice 2 se enumeran los tipos de problemas a los que el enfoque de este libro podría ayudar a resolver.

Sin embargo, hay algunos puntos esenciales para que este libro te resulte de provecho. En primer lugar, es imprescindible una aptitud para la lectura. Quienes por algún motivo tengan dificultades para interpretar lo que leen podrían recurrir a la ayuda de un amigo, un familiar o un médico. En segundo lugar, has de identificar un temor, una fobia o una ansiedad como la causa de tus problemas. Aunque este libro resultara útil a personas con problemas más graves, aborda sobre todo el temor, las fobias y la ansiedad, así que los principales resultados se producirán en este terreno. En tercer lugar, aprender a enfrentarte al miedo debe de ser una de tus prioridades actuales. Por ejemplo: para quien ha de enfrentarse a una emergencia inmediata, leer este libro no le será de utilidad.

Sin embargo, en cuanto dispongas de un poco de tiempo para centrarte y leer algunas páginas, aunque sólo sea durante diez minutos, quizás empiece a proporcionarte cierta ayuda.

Finalmente, merece la pena mencionar que casi todos quienes sufren una fobia o ansiedad a veces parecen pensar lo siguiente: «¡Soy diferente! ¡Lo que les funciona a los demás no me funciona a mí!» Es muy probable que lo pienses al leer este libro. Es obvio que no puedo garantizar que todo lo que aparece en este libro te resultará pertinente. De hecho, sería bastante improbable, puesto que lo he escrito pensando en todo tipo de temores y fobias. La persona que sufre cierta fobia rara vez comprende a otra que sufre una diferente; a ambas la fobia de la otra les parece ilógica o increíble. No obstante, más que las diferencias, este libro procurará indicar las similitudes entre personas diferentes que están angustiadas. Según mi experiencia, muchos de los que han logrado enfrentarse a sus temores en algún momento consideraron que, de algún modo, eran la excepción. Si lo creyeras, no cabe duda de que sería una manera sencilla de justificar el hecho de no seguir leyendo y dejar el problema para más adelante. Pero a la larga, ¿de qué te serviría? ¿Acaso merece la pena creer que no te pueden ayudar, cuando ignoras si eso es verdad y esa idea hace que te sientas aún peor? ¿Qué pierdes si sigues leyendo para ver si algunas de las ideas presentadas en este libro te resultan pertinentes? Te sugiero que lo intentes, y después podrás tomar tu propia decisión.

Este libro se limita a ser una de las numerosas fuentes de apoyo. No es un sustituto de otro tipo de apoyo. Te animo a que busques otras maneras de encontrar apoyo, información y tratamiento. De ti depende el recurrir a lo que consideres que podría resultarte útil. Ningún tratamiento será perfecto, pero si tienes más información acerca de lo que está disponible podrás tomar una decisión más acertada sobre lo que podría ayudarte.

Este libro ofrece información que asimilar y técnicas que poner a prueba. Así, procura establecer un equilibrio entre los cambios en la manera de pensar y los cambios de conducta. Ambos están relacionados entre sí. Primero ofrece información básica acerca de las fobias y cómo enfrentarse a ellas. Luego, en el capítulo 3, proporciono algunas técnicas prácticas para iniciar el proceso. Los siguientes capítulos proporcionan más información sobre las características del miedo, el modo en el que se desarrollan los «círculos viciosos» y cómo prepararse para el cambio. Los capítulos subsiguientes describen cómo poner en práctica la autoayuda y te animan a probar algunas técnicas. También me he centrado en cómo enfrentarse a las consecuencias de las fobias, qué hacer cuando consideras que las técnicas no dan resultado y algunos consejos más generales sobre cómo hacer que tu vida progrese como tú quieres. El libro contiene diversos apéndices que podrás consultar cuando sea necesario, incluido páginas de diario, ejercicios, una lista de diagnósticos y una de miedos con explicaciones que no te resultarán amenazadoras. Muchos capítulos incluyen relatos personales cuyo fin es ilustrar los puntos principales, y al final de cada capítulo hay un resumen de los puntos clave para reforzar los temas tratados.

No es necesario que te apresures a leer este libro. Es más importante que compruebes si has asimilado lo que has leído y si has decidido si estás de acuerdo con ello.

Empieza por leerlo de principio a fin y reflexiona acerca de si estás conforme con lo que afirmo. Comprueba si algo de lo leído te lleva a pensar sobre tus temores de un modo diferente. Entonces, cuando estés preparado, podrías poner en práctica algunas recomendaciones y averiguar si te resultan útiles. Si la primera vez no fuera así, no te desanimes: a lo mejor tienes que intentarlo un par de veces antes de que empiecen a funcionar. Quizá compruebes que captar una nueva manera de pensar o de actuar te llevará cierto tiempo.

Tal vez sea más positivo que leas el libro de principio a fin con mucha atención, pero quizá quieras centrarte en ciertos capítulos, porque en ese momento te resultan más pertinentes. Puede que merezca la pena que te prepares para comprobar que, de hecho, no todos los aspectos del libro te resultarán afines, ni reflejarán todo lo que has experimentado. Cada persona es única, pero tengo la esperanza de que gran parte del libro sí te resulte pertinente. Te ruego que cuando una parte del libro no creas que es adecuada para ti prosigas hasta encontrar una que sí lo sea. Siempre podrás retomar esa parte después. Espero que maximices la utilidad del libro centrándote primero en aquello que te resulte debidamente pertinente y que vuelvas a las otras partes más adelante.

Al leer este libro, procura centrarte en él, pero no te sumerjas demasiado. Tal vez sería mejor que leas media hora diaria, pero diez minutos serán suficientes. Puede que sea mejor leer un ratito cada vez a lo largo de varios días o semanas que leerlo todo de un tirón y después abandonarlo. Al fin y al cabo, sólo es un libro y debes proseguir con tu vida cotidiana sin que el libro interfiera en ella en exceso.

Está claro que resulta imposible que establezcas una relación muy real con el autor de un libro de autoayuda. No puedo escribirte una carta sobre lo que estás pensando en este preciso momento. Sin embargo, el libro está diseñado de manera que leerlo pueda convertirse en una colaboración. Mi meta consiste en presentarte ciertas ideas y técnicas, pero dejando que tú decidas si son pertinentes o útiles. Intento compartir mis propias experiencias y las de algunos de mis clientes, para indicar que muchos de nosotros hemos experimentado cosas similares y que podemos aprender los unos de los otros. Me tomé el trabajo de escribir este libro (¡sin que ello me impidiera conciliar el sueño!), pero tu trabajo consiste en leerlo, evaluarlo y poner a prueba mis sugerencias (una vez más, de un modo razonable, porque tendrás un montón de otras cosas para leer y acerca de las cuales reflexionar). La idea consiste en que nuestro trabajo sea aproximadamente equivalente y el equilibrio de poder también: no te creas nada de lo aquí escrito antes de reflexionar al respecto y ponerlo a prueba.

«Enfrentarse a la ansiedad» o «superar la ansiedad»: ¿son conceptos equivalentes o distintos?

Este libro hace hincapié en «enfrentarse». Otros libros destacan la «superación» o incluso el «triunfo» sobre la angustia. ¿Cuál es la diferencia? Yo prefiero que la meta de este libro sea «enfrentarse a la ansiedad» porque nos recuerda que sentir cierta ansiedad es algo normal. Ciertamente, la eliminación total de la ansiedad no es el objetivo de este libro. Así que encontrarse mejor supone enfrentarse a la ansiedad de un modo mejor. Es cierto que gracias a la lectura de este libro —o a través de otro medio— con el tiempo algunos logran «superar» su ansiedad, lo que significa que ésta ya no los atosiga ni los preocupa y tampoco tiene un impacto significativo en su vida. Sospecho que algunos lectores querrán optar por un enfoque que suponga «enfrentarse», mientras que otros preferirán uno que represente «superar». Eso depende de ti. No obstante, elijas el enfoque que elijas, el mensaje general es el mismo: con el tiempo, las personas pueden aprender a enfrentarse a la ansiedad y, pese a los ocasionales reveses, muchos superarán el efecto negativo que ésta tiene en su vida.

Una nota acerca de la Terapia Cognitiva Conductual (TCC)

Quizás hayas oído hablar de la TCC. Al igual que cualquier tratamiento nuevo, puede generar numerosas opiniones, tanto positivas como negativas. Su eficacia se ha demostrado mediante varias pruebas, pero no es perfecta y no siempre resulta igual cuando la llevan a cabo personas diferentes. Quizás hayas realizado una TCC y te resultó provechosa; tal vez has intentado hacer una TCC y te has frustrado porque no estaba disponible en tu ciudad o a lo mejor has realizado una TCC y consideras que no te ayudó. Todo esto es bastante común. Este libro opta por un enfoque TCC porque la investigación demuestra que es más eficaz que otros tratamientos para la ansiedad y las fobias. Ejerzo la terapia influido por la TCC y también por otros enfoques psicológicos, y parece funcionar correctamente con mis pacientes. Así que te animo a mantener una actitud abierta y descubrir lo que te resulte provechoso de este libro, y no creas que has de estar de acuerdo con todo. Una vez más, tú estás al mando y sólo tú puedes decidir lo que te resultará útil.

Puntos clave

Al final de cada capítulo figura un resumen cuyo objetivo consiste en destacar los puntos clave y ayudar a reforzar los temas mencionados. Si resulta que no estás de acuerdo con algunas de las afirmaciones o no te resultan claras, tal vez deberías volver a leer el capítulo. Puede que otros puntos se vuelvan más claros a medida que sigas leyendo.

- El temor es una sensación normal.
- Muchas personas aprenden a enfrentarse mejor a sus fobias.
- Es importante que uno cambie a un ritmo que le resulte cómodo.
- Cuanto más sepas sobre el temor, tanto mejor equipado estarás para enfrentarte a él.
- El temor funciona de la misma manera para todos porque todos compartimos la misma biología.
- En última instancia, el único que puede decidir lo que te será de ayuda eres tú.

2

¿Quiénes sufren fobias y cómo aprenden a enfrentarse a ellas?

Aunque el mundo está lleno de sufrimiento, también está lleno de lo que lo supera.

HELEN KELLER

Los temores y las fobias son algo muy común. Hay siete categorías principales de trastornos de ansiedad, que son: la fobia específica, el trastorno de pánico, la agorafobia, la fobia social, el trastorno obsesivo-compulsivo (TOC), el trastorno por estrés postraumático (TEPT) y el trastorno de ansiedad generalizada (TAG) (las definiciones figuran en el apéndice 2). Hacer un cálculo exacto de cuántas personas experimentan trastornos de ansiedad resulta difícil, porque depende de cómo se mida. La ansiedad varía en una escala móvil, al igual que la altura o el peso, y va de leve a moderada y hasta aguda. Por ejemplo: un amplio estudio de más de ocho mil personas realizado entre la población general demostró que casi la mitad de los entrevistados afirmó sufrir de al menos un temor injustificadamente intenso. En una de cada cinco personas, aproximadamente, esos temores reflejan un trastorno que les genera una ansiedad considerable en algún momento de su vida.

Un ejemplo de esta categoría sería el temor a encontrarse en lugares cerrados (claustrofobia), que hace que la persona evite una serie de situaciones, como montar en un ascensor, estar en un atasco, montar en un autobús o un tren, y eso le limita la vida y genera frustración entre sus amigos y familiares. Algunos de los trastornos de ansiedad más graves son menos comunes, afectan a uno entre veinte. Un ejemplo de esta categoría sería alguien que sólo sale de casa de vez en cuando por temor a sufrir un colapso. Puede que tus propios temores pertenezcan a cualquiera de estas categorías. Ya sea que tu afección sea leve, moderada o aguda, ciertamente no eres el único que se ve afectado por el temor.

El hecho de que las fobias sean tan comunes debería hacer que resulte sencillo comprender que pueden afectar a cualquiera. Afectan tanto a hombres como mujeres, de cualquier raza o cultura. Es imposible determinar qué tipo de persona es más vulnerable a las fobias. Las viñetas de esta página proporcionan una idea de la gran variedad de personas que experimentan fobias. Como puedes ver, a menudo son personas que demuestran una gran fortaleza e inteligencia en otros aspectos de su vida. Incluso las personas más racionales y capaces pueden sufrir una fobia.

Ejemplo personal de una fobia - Rasheeda

Soy ayudante de investigación en una universidad. Las arañas me provocan terror desde que era niña. Siempre pedía ayuda si veía una araña. Jamás creí que pudiera arreglármelas sola y el resultado es que me angustiaba la idea de lo que haría si me encontrara con una araña muy grande estando sola, ¿cómo me desharía de ella? ¿A quién podría pedirle ayuda? La angustia producida por la idea de encontrarme con una araña cuando no hubiera nadie que me ayudara supuso que no dejara de pensar en las arañas y dedicara buena parte del día a comprobar si había alguna por ahí; además pasaba las noches en blanco. Realmente perturbaba mi vida y por eso ese temor era un problema.

Ejemplo personal de una fobia - Alice

Sufro de un tipo de agorafobia que limita la distancia a la que puedo alejarme de mi casa. Eso significa que puedo ir de compras y trabajar en los alrededores, pero no puedo alejarme más de doce kilómetros de mi casa sin sentir una gran ansiedad. Eso supone un logro en sí mismo, porque antes no podía alejarme más de un kilómetro y medio. Mi fobia limita mi capacidad de ver a mi familia y amigos, e irme de vacaciones es imposible. Es como si una pared rodeara el perímetro de la zona que puedo recorrer. Mis temores han limitado mi trabajo como maestra y tutora particular, pero puedo trabajar en el barrio.

Ejemplo personal de ansiedad generalizada y trastorno por estrés postraumático - Paul

Siempre he sido una persona ansiosa y preocupada. Creo que se remonta a cómo me trataban en casa. Mi padre me pegaba y nunca sabía cuándo recibiría el próximo golpe. Me fui de casa a los veinte años y durante un tiempo parecía que me las arreglaba bastante bien, pero hace unos años, uno de mis compañeros de trabajo del servicio postal me atacó de manera completamente inesperada: estaba borracho y creía que yo había hablado pestes de él. Ese ataque hizo que temiera que volvieran a atacarme, pero no sólo en el trabajo, también en mi barrio, y estaba nervioso todo el tiempo. Veía escenas retrospectivas del ataque, no lograba quitármelo de la cabeza y trataba de convencerme de que no había ocurrido. Fui a ver a mi médica de cabecera y ella me dijo que sufría un trastorno por estrés postraumático (TEPT). Me dieron medicación, pero no sirvió de mucho porque no podía dejar de pensar en lo ocurrido.

Ejemplo de una fobia - Janet

Creo que mis problemas de ansiedad empezaron cuando murió mi madre. Antes siempre disfrutaba estando a solas, e ir de compras no suponía ningún problema, pero hace unos veinte años mi madre murió repentinamente estando sola en casa. En esa época yo era madre de dos niños pequeños. Fue un período estresante, sobre todo cuando más adelante mi padre reaccionó abandonándose y bebiendo mucho; solía encontrármelo en casa en un estado deplorable. Tras la muerte de mi madre, me di cuenta de que no dejaba de limpiar y ordenar mis cajones, por si yo también moría de manera repentina. En esa época no dejaba de pensar en la muerte. Un día estaba en el supermercado y de pronto no logré recordar qué tenía que comprar. Fue extraño, pero me encontré con una amiga y fuimos a tomar un café y fumar un cigarrillo e incluso me reí de mi olvido, pero cuando llegué a la caja no pude contar el dinero que tenía en la mano. ¡Tuve que contarlo tres veces! Sentí una angustia cada vez mayor y tuve que marcharme. Ni siquiera recuerdo cómo llegué a casa, sólo recuerdo el alivio de haber llegado, que la puerta estuviera cerrada y que estuviera a salvo. Después no dejé de pensar que podría volver a ocurrir, sobre todo si iba de compras sola.

Ejemplo personal de ansiedad, depresión y problemas físicos - Laura

He sufrido ansiedad, depresiones y numerosas fobias. He sufrido claustrofobia, he tenido miedo de morir, de asfixiarme, de quedarme ciega o sorda y de sufrir una enfermedad crónica, como el Alzheimer o una enfermedad motora neuronal. En la actualidad me han diagnosticado EM (encefalopatía miálgica) y anemia. Gran parte del tiempo sufro síntomas físicos como dolor, hormigueo, cosquilleo, problemas al tragar y cansancio, y cuando se vuelven muy intensos estoy a su merced. Pero pueden ser agudos y crónicos durante varias semanas y después algunos desaparecen de pronto. Es un estado mental muy desconcertante y aterrador.

¿Qué significa que te diagnostiquen un trastorno de ansiedad?

Es muy normal que las personas traten de averiguar qué les pasa cuando se sienten angustiadas, y la ansiedad tiene un impacto muy grande en su vida. Cuando sufrimos síntomas físicos de enfermedad queremos saber la causa para poder recibir el tratamiento adecuado. Por el mismo motivo, a algunas personas se les diagnostican

«trastornos» de ansiedad. Un diagnóstico de un «trastorno» de ansiedad funciona de un modo similar: el paciente
enumera sus síntomas, por ejemplo: repentinos ataques
de pánico y temor a sufrirlos, y el médico le proporciona
una etiqueta: «trastorno de pánico». Aparentemente, la
etiqueta puede tener un efecto tanto positivo como negativo.

Lo positivo es que quizá le ayude al paciente a comprender que sus experiencias son una reacción normal a
un acontecimiento extremo o a una serie de acontecimientos. Por ejemplo: sabemos que el trastorno por estrés postraumático (TEPT) está causado por un trauma, como
una agresión o un desastre natural. Así que quienes sufren
un TEPT a menudo logran comprender que sus experiencias angustiosas, tales como los recuerdos vívidos y el «tener los nervios de punta» todo el tiempo son reacciones
normales frente a una experiencia fuera de lo común. Hay
pruebas que indican que las experiencias emocionales intensas provocan intensos recuerdos codificados, así que
esas experiencias no significan que la persona se está «vol-
viendo loca». De hecho, la mayoría presenta estos síntomas inmediatamente después de haber sufrido un trauma,
pero en general se desvanecen después de unos meses.

Otro efecto positivo de la etiqueta «trastorno» es que
ayuda a la persona a explicarse a sí misma una parte de su
conducta inusual, y también a los demás. Así, más que ser
deliberadas o culpa de uno mismo, estas reacciones son
consideradas como efectos del trastorno muy difíciles de
controlar. Es muy comprensible que las personas reaccionen de manera inusual durante el punto álgido de la ansiedad, cuando al parecer no existen otras opciones. No
obstante, con el tiempo aprenden a enfrentarse a estos

estados de ánimo y estas conductas de un modo más exitoso.

Uno de los efectos negativos de la etiqueta es que a veces se tiene la sensación errónea de haber comprendido completamente los problemas de una persona. Si nos adjudican la etiqueta del «trastorno de ansiedad», quizá creamos que sabemos lo que causa nuestros problemas y cómo tratarlos. «¿Por qué estás angustiado?» recibe como respuesta: «Debido a mi trastorno de pánico», pero en realidad éste no es la causa, sólo es una descripción de los síntomas. Las causas son más complejas (y serán abordadas en el capítulo 4), pero por decirlo sencillamente, no existe una única causa de un trastorno de ansiedad. Ello conduce a otro problema en cuanto al diagnóstico. Algunos profesionales de la salud e investigadores están convencidos de que los estados de ansiedad —como el trastorno obsesivo-compulsivo (TOC)— se parecen a ciertas enfermedades físicas diagnosticadas, es decir que los problemas están causados por los genes y que por lo tanto la persona no los puede controlar y sólo pueden tratarse con medicación. Aunque los genes aumentan la posibilidad de que alguien sufra de ansiedad (los genes también pueden causar otros efectos, como que la persona sea religiosa o no), supone un error creer que son la única causa. Además, muchos de los problemas influidos por los genes no se tratan con medicación: la miopía se resuelve con gafas y la tendencia a sufrir problemas cardíacos se controla haciendo ejercicio y mejorando la dieta.

Una última dificultad en cuanto a diagnosticar trastornos es que las personas no suelen sufrir un único temor; pueden sufrir muchos. Por ejemplo: alguien que sufre una «fobia dental» puede sentirse atemorizado por varias co-

sas a la vez: por encontrarse en un espacio cerrado, por las
inyecciones y por no controlar la situación, y eso hace que
parezca que sufre numerosos «trastornos»; sin embargo,
resulta mucho más sencillo considerar que las diversas
maneras en que las personas piensan y actúan pueden hacer que sientan temor frente a muchas cosas. Si eres de los
que siempre esperan lo peor ante una situación difícil,
quizá tengas miedo de que ocurran muchas cosas malas,
así que es más sencillo considerar estos tipos de pensamientos y conductas en vez de sumar todas las cosas que
la persona teme. La buena noticia es que el mismo modo
de enfrentarse a un temor puede —con una ligera modifi-
cación— servir para enfrentarse a otro, de manera que la
recuperación avanza y, con el tiempo, se extiende a otras
áreas.

Si te han diagnosticado un trastorno de ansiedad más
de una vez, entonces podrás estar seguro de que algunos
de tus temores —sean los que sean— te angustian mucho
e impiden que vivas a gusto. Este libro te presentará maneras de tratarte a ti mismo, de pensar y de actuar que re-
ducirán el impacto de tu ansiedad. Las diversas fobias y
trastornos de ansiedad figuran en el apéndice 2, para que
puedas consultarlos junto con sus características principales. Que adoptes una etiqueta para tus problemas de
ansiedad depende de ti, teniendo en cuenta los aspectos
positivos y negativos abarcados anteriormente. Hagas lo
que hagas, lo que probablemente te resulte más útil sea adquirir una comprensión más personal de por qué sufres
problemas de ansiedad y usarla para aprender a enfrentarte mejor a ellos.

Temores y fobias vinculados a otros problemas de salud mental

La ansiedad no se limita a quienes sufren «trastornos de ansiedad» tradicionales. Por ejemplo: las personas con «trastornos de alimentación» tales como la anorexia o la bulimia a menudo temen volverse gordos y feos, y limitan la ingesta de alimentos para evitarlo. Quienes creen que sufren una enfermedad grave como un cáncer no identificado por su médico, buscarán el apoyo de amigos, familiares y de su médico de cabecera, e incluso se harán varias pruebas con resultados negativos sin que ello los convenza de que no están enfermos. Muchos de los que han sufrido una «crisis nerviosa» aguda (como la manía, la depresión o la psicosis) temen que volverán a sufrirla y hacen muchas cosas para evitarlo.

Hoy existen indicios de que quienes sufren las afecciones mencionadas en el párrafo anterior piensan y se conducen de un modo muy similar al de los que sufren «trastornos de ansiedad». Este libro adopta el enfoque siguiente: que las personas que sufren un problema que los asusta y los preocupa pueden aprender a enfrentarse a él de un modo similar. Estos «trastornos» parecen claramente diferentes y afectan a personas diferentes, pero lo que los mantiene activos es muy parecido. En el apéndice 2 figuran otros ejemplos.

Recuperarse de las fobias

El lapso de tiempo que alguien puede sufrir una fobia es muy variable. El promedio son unos diez años, pero esta cifra oculta el hecho de que algunos pueden sufrir una fobia durante toda la vida, mientras que otros pueden sufrir una aguda durante un par de años. Sin embargo, dure lo que dure la fobia, nunca es demasiado tarde para cambiar. Las personas que han estado angustiadas durante toda la vida pueden aprender a enfrentarse a sus temores. La recuperación de Rasheeda es un ejemplo.

La recuperación de Rasheeda

Creo que antes de iniciar una terapia resulta difícil creer que a lo mejor tiene éxito. Tenerles miedo a las arañas formaba parte de mi persona. Era aracnofóbica y creía que no podía controlarlo. Una de las cosas importantes que aprendí durante la terapia es que la recuperación es un proceso y que no ocurre de un día para otro. Al principio me sentí descorazonada, pero mereció la pena insistir. Empezar a sentir que progresaba supuso un avance, y el proceso de recuperación se aceleró bastante. Lentamente, empecé a hacer cosas que nunca había soñado que podría hacer, como tapar una araña con una taza. Desde que inicié la terapia, el mayor alivio supuso que la permanente preocupación de encontrarme con una araña se redujo y que ya no me paso todo el día pensando en arañas y comprobando si están por ahí, y eso se debe a que hoy sé que puedo enfrentarme al problema por mi cuenta.

¿Qué supone aprender a enfrentarse a los problemas?

En el siguiente capítulo describiré algunas estrategias para enfrentarte a un problema. Antes de leerlas, quizá te resulte útil examinar los aspectos principales de cómo enfrentarse a un problema.

1. *No significa tener que enfrentarse a una ansiedad extrema.* Gran parte del aprendizaje consiste en una mayor comprensión y por consiguiente no tener que enfrentarse a la ansiedad en absoluto. Otro aspecto de aprender a enfrentarse sí supone hacer frente a esa sensación, pero estarás parcialmente preparado para hacerlo incluso antes de empezar y, cuando te enfrentes a la sensación física de la ansiedad, podrás hacerlo poco a poco. De hecho, se ha demostrado que enfrentarse a los miedos poco a poco resulta eficaz. Sólo has de avanzar una vez que te sientas cómodo con cada paso dado y cuando lo hagas, será porque has decidido hacerlo. Durante la lectura de este libro nunca tendrás que enfrentarte a una ansiedad extrema.

2. *Enfrentarse sí supone encarar y comprender el origen de los propios temores, y soportar algunas sensaciones desagradables.* Para enfrentarte a algo que te angustia es útil saber qué es aquello a lo que tratas de enfrentarte. Un ejemplo: lo primero que hará un caballero cuyo desafío consiste en matar a un dragón feroz es tratar de averiguar sus características: cómo es, dónde vive, cuáles son sus virtudes y defectos. Así que aprender a enfrentarse a una fobia supone obtener información acerca del objeto de tus miedos. Aunque tal vez no sea necesario pasar por la ansiedad extrema para aprender a enfrentarse mejor, será necesario experimentar algunas sensaciones físicas que al principio pueden parecer desagradables, pero cuanto más sepas

acerca de la ansiedad, tanto más comprenderás que
esas sensaciones no son peligrosas en sí mismas, y que en
realidad indican que tu cuerpo funciona como es debido. Gracias a esa información, podrás empezar a
soportar esas sensaciones a medida que avanzas. Si la
idea de soportar sensaciones físicas desagradables te
resulta intolerable, no importa, de momento. Empieza por leer al respecto y tómate tu tiempo para decidir
si quieres hacerles frente. Eres tú quien elige el camino a la recuperación.

3. *Enfrentarse a los problemas no supone hacer un esfuerzo enorme.* No significa comprometerte a mantenerte
abierto a nuevas ideas y decidir si estás dispuesto a
cambiar. Sí supone empezar a pensar de un modo diferente del habitual en el pasado, pero no hacer un esfuerzo sobrehumano. Esto no es una competición ni
una carrera. Enfrentarte al temor no es una lucha.
Quizá ya hayas probado esforzándote al máximo, no
es de extrañar. Si hace mucho que tus temores te acompañan y te han causado todo tipo de problemas, es
muy comprensible que te sientas frustrado y enfadado. A muchos nos han dicho de niños que hemos de
hacer un gran esfuerzo para resolver nuestros problemas. Todos somos capaces de ello, pero ¿ha funcionado? Quizá de vez en cuando, pero no a la larga. Más
adelante explicaré por qué parece que luchar contra
tus temores no funciona. Este libro no aboga por una
lucha hercúlea contra tus miedos, sino que te animará
a mantener una actitud abierta y a comprometerte a
leer y poner a prueba lo que te sugiero, y tomarte tu
tiempo para hacerlo.

4. *Enfrentarte a tus problemas significa tratarte a ti mismo con consideración.* Ya has leído hasta aquí. Eso es bueno. Has superado la primera parte del libro y demostrado el compromiso de seguir leyendo. Algunos pueden considerar que elogiar a alguien por leer unas páginas de un libro es innecesario. No es lo mismo que correr la maratón, pero no deja de ser un paso positivo. Si logras seguir elogiándote, la experiencia de leer todo el libro te resultará más agradable. No hace falta que te digas que eres fantástico, limítate a reconocer que cada paso es positivo en sí mismo. Cuando las cosas no salen como uno ha planeado, muchos sienten la tentación de criticarse a sí mismos, diciéndose que son unos estúpidos por hacer las cosas mal; casi llegan a convencerse de que si se castigan a sí mismos, la próxima vez lo harán mejor, pero ¿acaso funciona? Puede que lo hayas intentado y apuesto a que a la larga no funcionó, y lo que es más, ¿estarías dispuesto a tratar a alguien a quien quieres, como un amigo o un niño, de la misma manera? Y si no fuera así, ¿en qué te diferencias tú? En este libro, abogaré por que te trates con consideración, que te elogies por una tarea bien realizada y que te otorgues el beneficio de la duda cuando las cosas no salen exactamente como las has planeado. Puede que haya una buena razón para ello y hasta puede que la descubras leyendo este libro. Decirte a ti mismo que eres un inútil sólo impedirá que tengas éxito. No sirve. En el capítulo 3 figuran algunos ejemplos de otras maneras de tratarte con consideración.

5. *Enfrentarte a tus problemas supone comprender tus procesos mentales y después tomar tus propias decisiones.*

Cuando alguien está muy ansioso y aterrado, quienes lo aprecian a menudo quieren ayudarle de inmediato. Si los demás comprenden el motivo de la ansiedad puede que resulte útil: cuando los niños se caen y se lastiman, sus padres les ayudan limpiándoles la herida y poniéndoles una tirita. Sin embargo, parece que la ansiedad causada por los temores y las fobias con frecuencia está provocada por experiencias que sólo quien la sufre es capaz de detectar, porque residen en el interior de su cuerpo o su mente. Las ideas angustiosas y las sensaciones físicas inusuales son algunos ejemplos. El primer paso para enfrentarse a la ansiedad causada por lo que experimentamos en nuestro interior es comprender lo que está ocurriendo en nuestra mente, y el que mejor puede saberlo eres tú. Ningún experto de este planeta es tan capaz de saberlo como tú mismo. Este libro te proporcionará algunas pistas y preguntas que plantearte, pero quien ocupa una posición privilegiada para comprenderse mejor a sí mismo —y tal vez tomar medidas para recuperarte— eres tú.

6. *Enfrentarte a tus problemas significa recurrir a tus virtudes y cualidades.* Para aprender a hacer frente al temor es necesario admitir que existe, empezar a encararlo y tratar de comprenderlo. A veces las personas no se dan cuenta de que ya disponen de una base sólida para hacer frente a sus temores y fobias. Por ejemplo: tu capacidad de sentarte y concentrarte el tiempo suficiente para leer algunas páginas de este libro es una virtud en sí misma, al igual que la decisión de hacer frente a tus miedos, aunque sea brevemente. Según mi experiencia, las personas tienden a subestimar y a minimizar las vir-

tudes a las que pueden recurrir para enfrentarse a sus miedos, así que te sugiero que tomes nota de estas cualidades. Una vez que logres tomar nota de las tuyas propias podrás empezar a desarrollarlas, como si ejercitaras un músculo. En el transcurso de este libro hay muchas virtudes de las cuales deberás tomar nota, a las que habrás de recurrir o desarrollar. En la tabla que figura al final del capítulo 11 figuran algunos ejemplos de virtudes, cualidades y recursos.

Cómo trató Janet de enfrentarse a su fobia

Al salir de viaje, solía llevarme mis propias cintas de música, las que me recordaban a personas conocidas y a lugares que me encantaban. También me llevaba una botella de agua porque tenía la boca seca. Además decidí que si me sentía incómoda, no pasaba nada si volvía a casa. Mantenía tantas conversaciones mentales conmigo misma que no siempre resultaba posible, pero cuando lo era, podía regresar a casa. Tenía una opción. Ansiaba visitar a una amiga que vivía en Irlanda, pero como el transporte público también se había convertido en un problema, creí que jamás lo lograría, así que empecé a hacer viajes más cortos en autobús y en tren para visitar a mi tía en Blackpool. Me sentía fatal, cargada de cintas, CD, libros y mi botella de agua, pero con el tiempo se volvió más fácil. Tras mi primer viaje a Blackpool llegué sana salva, no me había desmayado ni muerto en el autobús y estaba decidida a viajar a Irlanda en el futuro.

Siete certezas útiles

Puede resultar útil que compruebes tus progresos durante el transcurso de este programa. Hay muchas escalas que miden la ansiedad y la capacidad de las personas para enfrentarse a ella. La que aparece a continuación está adaptada de una ideada por Sam Cartwright-Hatton, un colega y amigo. La presento aquí para que puedas ver cuál es tu punto de partida, tu situación actual. La idea consiste en que a medida que te enfrentes mejor a tus temores, darás más crédito a estas afirmaciones. Podrías empezar por puntuar el crédito que hoy le das a cada una de estas afirmaciones encabezando una columna con la fecha y puntuando cada certeza de 0 a 100. Quizá no des crédito a ninguna, en cuyo caso apuntas un 0, o puede que les des un crédito escaso (digamos entre 10 y 20), hasta un máximo de 100 si estás cien por cien seguro. Después, a lo largo de semanas o meses, completarás las columnas siguientes. La regularidad con la que las completes dependerá de la escala de tiempo que consideres correcta para tu programa y de tus oportunidades para ponerlo en práctica.

Tabla 2.1   Siete certezas útiles

	Fecha	Fecha	Fecha
El mundo es un lugar bastante seguro para mí			
Puedo enfrentarme a la mayoría de las cosas que ocurren			
Me trato con consideración cuando cometo un error			
Soy capaz de aceptar lo que siento			

(Continúa)

Tabla 2.1 Siete certezas útiles (Continuación)

	Fecha	Fecha	Fecha
Puedo enfrentarme a mi inseguridad			
Tiendo a no preocuparme en exceso			
Conozco a personas que me aprecian y me respetan			

Puntos clave

- Quienes sufren fobias a menudo demuestran una gran fortaleza e inteligencia en otras áreas de su vida.
- Dure cuanto dure una fobia, nunca es demasiado tarde para cambiar.
- Se ha demostrado que enfrentarse a los temores poco a poco resulta eficaz.
- Aprender a enfrentarse a los temores no supone un esfuerzo sobrehumano.
- Enfrentarte a tus problemas supone tratarte a ti mismo con consideración.
- Enfrentarte a tus temores significa recurrir a tus virtudes y cualidades.
- Bastará tener en cuenta algunas maneras de pensar y de actuar para explicar por qué algunos sufren muchos miedos diferentes.
- Aplicar a distintos temores un mismo modo de enfrentarlos puede resultar útil.

3

Para empezar, algunas estrategias clave para enfrentarse a los problemas

> No miremos hacia atrás con ira ni hacia delante con temor, sino con conciencia de lo que nos rodea.
>
> JAMES THURBER

Este libro está diseñado con el fin de prepararte gradualmente para que te enfrentes a tu ansiedad. Sin embargo, tal vez quieras saber qué puedes hacer ahora mismo. En esta sección describo algunas estrategias que puedes empezar a aplicar de inmediato, y que retomaré más adelante. Son fáciles de poner en práctica, pero resulta más difícil realizarlas con regularidad. De hecho, quizá descubras que practicarlas con regularidad te llevará cierto tiempo y para muchos que no tienen problemas de ansiedad supondría un esfuerzo realizarlas de un modo consistente. No te desanimes: practicar estas técnicas aunque sea de vez en cuando puede ser útil.

Respiración lenta y poco profunda

Puede que esta técnica —que consiste en respirar lenta y no profundamente— te parezca un cliché, pero existe un importante motivo científico que explica por qué funciona. Cuando nos angustiamos, nuestro cuerpo reacciona de diversas maneras para ayudarnos a huir del peligro. Para comprenderlo, hay que remontarse al pasado remoto, anterior a la sociedad actual.

En el pasado, huir podía suponer escapar de un predador a gran velocidad, así que nuestro cuerpo evolucionó y se preparó para este tipo de huida. Un modo de hacerlo es incrementar el ritmo y la profundidad de la respiración: la hiperventilación, que proporciona más oxígeno, el combustible que necesitan los músculos para correr más deprisa. En la actualidad, sin embargo, cuando las personas se angustian no suelen tener motivos para gastar mucha energía. Por ejemplo: si te angustia la idea de reunirte con tu jefe, sería inútil que echaras a correr y escaparas de la oficina. De modo que cuando nos angustiamos, respiramos más rápida y más profundamente, pero no consumimos el oxígeno. No es peligroso, pero percibimos los efectos. La hiperventilación provoca sensaciones que varían de una persona a otra. Algunos dicen que hace que se sientan más angustiados y muchos dicen que se sienten «irreales», «como un zombi» o «como si flotaran». Puede que tú hayas tenido esta sensación. Hay quien cree que esa sensación significa algo más peligroso, como que se está a punto de desmayarse o de sufrir un ataque al corazón, pero no es así: se limita a ser el resultado de una respiración demasiado rápida y profunda. Tras respirar con normalidad durante un rato, el cuerpo consume el oxígeno adicional y la sensación desaparece (en un sentido estricto, este efecto —más que un aumento del oxígeno— es el resultado de la reducción del dióxido de carbono en sangre y se denomina «alcalosis»; cuando los músculos están activos, el oxígeno se convierte en dióxido de carbono, pero cuando la hiperventilación aumenta, este oxígeno se convierte en dióxido de carbono a un ritmo mucho más lento). Muchos creen que «respirar profundamente» es una manera de tranquilizarse frente a una situación angustiosa, pero éste es otro ejemplo de una asimilación de oxígeno mayor de la necesaria. Respirar lenta y superficialmente es una opción que no provoca hiperventilación. ¿Cómo se hace?

La experiencia de Janet con la hiperventilación

Que los semáforos se pusieran rojos antes de llegar hasta ellos suponía un problema para mí. Uno en especial se convirtió en algo insoportable porque en cierta ocasión me detuve y el tráfico era muy intenso. De pronto sentí que no podía respirar y empecé a jadear, me sentí mareada, quise salir del coche y dejarlo ahí. Después dejé de pasar por ese semáforo durante años, a menos que alguien me acompañara. Me preocupaba y no lograba dormir durante días, y a menudo cancelaba una cita o inventaba una excusa para no tener que pasar por allí. Cuando mi hijo fue a la universidad, consideré que tenía que pasar por ese semáforo, pero sufría taquicardia, se me secaba la boca y tenía dificultad para respirar ante la mera idea, así que me desviaba tres kilómetros para no tener que pasar por aquel punto. Ahora me doy cuenta de que al pensar en pasar por allí debía de respirar de un modo diferente, y eso hacía que me sintiera mareada y temiera desmayarme en público. En aquel entonces desconocía los efectos inusuales pero inofensivos de la hiperventilación.

Respirar lenta y superficialmente no es difícil, y lo más probable es que cualquier intento te sirva de ayuda. Puedes dividir la actividad en varias fases para que te resulte más fácil.

1. *Nota que estás hiperventilando.* Quizá sea la fase más importante, y también la más difícil. Para empezar a respirar lenta y superficialmente, primero debes notar que no lo estás haciendo. Como regla general, al notar que te sientes más ansioso que de costumbre, procura centrarte en tu respiración. Desvía la atención de aquello en lo cual te concentrabas (como tus preocupaciones) y céntrate en la respiración. Notarás los movimientos del pecho o el aire que entra y sale de la nariz. Siente cómo entra y sale.

2. *Ralentiza.* Una vez que te has centrado en tu respiración, contrólala. Respira más lentamente sin dejar de centrarte en tu cuerpo. ¿Todavía respiras profundamente? Reduce la cantidad de aire que inspiras y reduce la profundidad. Para que el ritmo sea el correcto, intenta lo siguiente: inspira, cuenta «mil, dos mil» lenta y mentalmente, espira y cuenta «mil, dos mil» mentalmente, y repite. Una vez que hayas alcanzado el ritmo correcto, deja de contar pero continúa respirando con el mismo ritmo, que equivale a unos dos segundos entre inspirar y espirar. La respiración ha de ser superficial.

3. *Retoma lo que estabas haciendo.* Una vez que hayas reducido el ritmo de tu respiración, podrás volver a prestar atención a lo que hacías. Intenta centrarte en el entorno y no en tus ideas.

Algunas personas parecen respirar más rápidamente e hiperventilar porque cuando respiran con mayor lentitud y superficialmente se preocupan y creen que podrían asfixiarse. Por suerte eso es imposible, puesto que el cuerpo nos obliga a respirar y nadie se ha quitado la vida aguantando la respiración. Así que si eso es lo que te preocupa, entonces es una excelente razón para tratar de respirar más despacio, porque te proporciona un modo de comprobar si es verdad que podrías asfixiarte. Si lo logras —y cuanto más lenta y superficial sea tu respiración, tanto mejor— comprobarás que no te asfixias.

La técnica de la respiración lenta también forma parte de la «breve relajación consciente» (detallada más adelante). En ambas, la clave consiste en notar que respiras demasiado rápido en ese momento y tomarte un minuto para centrarte en tu respiración y ralentizarla. También proporciona un alivio momentáneo frente a las cadenas de ideas preocupantes y te ofrece la oportunidad de zafarte de ellas. Inténtalo la próxima vez que tu ansiedad sufra un gran aumento. Si no funciona, no pasa nada: existen otras técnicas, pero si te ayuda te vendrá muy bien en el futuro. Pero no trates de respirar lentamente todo el tiempo, porque acabarías por creer que es más importante de lo que es en realidad. Hazlo siempre y cuando creas que quizá te ayude.

Breve relajación consciente

Aunque no supone un tratamiento en sí mismo, puedes usarla como estrategia para enfrentarte a tu ansiedad. A partir de ahora, la denominaré BRC. Está relacionada con enfoques recientemente incorporados a la terapia a partir de la meditación, por personas como John Kabat-Zinn, John Teasdale y Mark Williams, y por otros como Adrian Wells. Antes de describir cómo llevarla a cabo, he de destacar dos puntos.

En primer lugar, a diferencia de la respiración lenta, la BRC es algo que haces independientemente de si te sientes o no ansioso. Quienes la practican lo hacen a cierta hora del día y de un modo regular, por ejemplo después de almorzar o de cenar.

En segundo lugar, a diferencia de la respiración lenta, no existe un acuerdo acerca del porqué la BRC supone una ayuda, ni cuál es su objetivo. La finalidad no es sentirse mejor, así que uno está tentado de preguntarse para qué sirve. Bien, quienes la practican con regularidad parecen enfrentarse mejor a su ansiedad. La teoría principal acerca del porqué funciona afirma que modifica la relación de las personas con sus ideas. Uno aprende a notar sus pensamientos, sentimientos y recuerdos conforme le pasan por la cabeza, y a aceptarlos como una parte de su mente, ni más ni menos. La mayoría hace exactamente lo contrario: luchar con nuestras ideas, sentimientos y recuerdos e intentar bloquearlos o cambiarlos. La BRC te proporciona un breve momento al día para que no lo hagas, una pausa en esa lucha continuada con tu propia mente.

Practica la BRC siguiendo las instrucciones que figuran a continuación:

1. *Elige el momento y el lugar.* Puedes realizar la BRC en cualquier parte, pero hay ciertas cosas que la facilitan. Lo mejor es hacerlo cuando dispongas de tiempo y tengas la certeza de no ser interrumpido. Para empezar, es mejor hacerlo en un lugar más bien silencioso y donde te sientas relativamente cómodo. La primera vez que lo intentes, hazlo durante unos cinco minutos. Es mejor hacer la BRC de un modo correcto durante un lapso breve que esforzarte por hacerlo durante un período prolongado. De ti depende que lo hagas con los ojos cerrados o abiertos. Algunos prefieren cerrarlos, pero también puedes hacerlo con los ojos abiertos.

2. *Céntrate en una sola cosa.* La BRC consiste en centrarse en una sola experiencia por vez. Las personas suelen centrarse en su respiración sobre todo porque nunca dejamos de respirar, pero también puedes centrarte en otra cosa, como en un sonido exterior. Por ejemplo: si te encontraras en medio de un prado, podrías centrarte en el canto de las aves, o si estuvieras en tu casa, en el zumbido de la calefacción central. La clave consiste en centrarse en una sola cosa, no distraerse, y si una idea, una sensación u otro sonido distraen tu atención, vuelve a centrarte en lo primero. Quizá sea mejor centrarte en algo bastante sencillo para que puedas practicar la concentración durante un buen rato (la música a mucho volumen o la televisión no cumplen con este requisito, pero tampoco se ha demostrado que no sirvan). Distraerse forma parte inevitable de la tarea, y les ocurre incluso a los más avezados. La meta consiste en volver a centrarte en lo que has elegido y hacer caso omiso de las distracciones.

3. *Nota tus pensamientos.* Lo más probable es que la principal distracción sean tus propias ideas. Nos vienen a la cabeza cientos de veces al día, así que es obvio que también lo harán durante la BRC. Cuando aparezca un pensamiento, toma nota, regístralo como una idea y luego vuelve a centrarte en lo que has elegido. Esto parece más fácil de lo que es, porque involucrarse en una idea es muy tentador, así como centrarse en ella, controlarla o hacer algo a causa de ella. Por ejemplo, te puede asaltar el pensamiento: «Creo que me estoy resfriando.» En vez de preocuparte de lo que ocurriría si te resfriaras, detente ahí. Has pensado que quizá te estés resfriando. Nota que se trata de una idea y después vuelve a concentrarte en tu respiración o en lo que hayas elegido. Se trata de dejar que la idea haga lo que quiera. Algunos se imaginan sus ideas como las viñetas de un tebeo o las ven pasar flotando, como una nube. Puede que te resulte útil; todos encuentran su propia manera de hacerlo.

4. *Abandona el intento de controlar tus ideas.* Bien, hemos establecido que las ideas te vienen a la cabeza con mucha frecuencia. No podemos evitarlo, pero podemos elegir qué haremos después: si encadenamos esa idea con otro montón de ideas, pensamientos o preocupaciones o si por el contrario nos limitamos a tomar nota de ella y volvemos a concentrarnos en el objeto, sonido o cosa elegida. No intentes reprimir la primera idea ni eliminarla, te limitas a registrarla y dejar que haga lo que quiera. Es muy posible que, mientras te centras en lo que estabas haciendo, la idea permanezca allí, en la parte posterior de tu mente. Eso no signi-

fica un problema. Tu idea hará lo que quiera, y tú también harás lo que quieres hacer.

5. *No te pases.* Has de aceptar que cualquier intento de hacer la BRC es un paso en la buena dirección. No existe un lapso de tiempo ideal para dedicar a la BRC. Quienes practican algunas técnicas similares, como la meditación, a menudo parecen sugerir que deben realizarse durante períodos regulares y prolongados. Pero la BRC es diferente, ya que eres tú quien decide durante cuánto tiempo la practicas y con qué frecuencia te resulta útil. Al fin y al cabo no es un fin en sí mismo. ¡Tienes otras cosas que hacer! La BRC sólo es una técnica que puedes llevar a cabo con el fin de investigar qué pasa cuando te relacionas con tus ideas de un modo diferente.

Esto sólo es una breve introducción a la BRC como otra técnica que puedes probar: una herramienta para añadir a tu colección. En este momento, quizás estés dispuesto a hacer uso de ella para algunas ideas que se te ocurren, pero no para otras. El apéndice 3 proporciona unas analogías que describen un modo de enfrentarte a tus ideas y sentimientos similar a la BRC. Por ejemplo: hay personas a quienes les resulta útil ver sus ideas en un vagón de tren que pasa junto a ellas; así aprenden a darse cuenta de que se les ha ocurrido esa idea, pero que ahora mismo no es necesario involucrarse en ella. «He tenido una idea» en vez de «Una idea se ha apoderado de mí». Si practicas la BRC, podrás empezar a comprobar si el intento de dejar de controlar tus ideas es positivo. ¿Qué ocurriría si lo hicieras? ¿Necesitas controlar tus ideas de inmediato o eres capaz de aguantar un par de segundos y ver qué pasa?

Estirar y relajar los músculos

Puede que hayas leído que la «relajación» es un tratamiento para la ansiedad, o incluso que la hayas probado. En este libro no voy a sugerirte que te relajes para tratar tu angustia. Podrás hacer algo mucho más sencillo.

Cuando las personas se sienten ansiosas o aterradas, suelen tensar los músculos. A veces es automático y no lo notas. Algunos lo hacen porque creen que así evitarán caer al suelo si sienten mareos. Otros quizá lo hagan como preparación para la huida o para distraerse de la ansiedad. El problema es que cuando tensas los músculos durante mucho tiempo, en vez de sentirte menos ansioso, la ansiedad aumenta. Inténtalo ahora mismo. Cierra los puños y tensa los músculos del brazo. Yo, cuando lo hago, me siento más estresado, y en general lo mismo dicen los demás. Eso significa que a veces uno tensa los músculos cuando se enfrenta a algo estresante, y entonces se siente todavía más estresado, no debido a la situación sino a su propia tendencia a ponerse tenso. Otros harán otras cosas, como no estarse quietos y moverse de un lado a otro con rapidez. Todas estas conductas hacen que la persona se sienta más ansiosa. Quienes lo hacen creen que lo que los pone ansiosos es la situación, pero en realidad, en parte se debe a lo que ellos mismos están haciendo. Si practicas estirar y relajar los músculos podrás poner a prueba esas ideas de que caerás al suelo o que perderás el control si dejas de ponerte tenso cuando te sientes ansioso. Relájate y observa qué ocurre.

Así que, ¿qué puedes hacer? Algo parecido a lo que sugerí para la hiperventilación:

1. *Nota que estás tensando los músculos o que no logras quedarte quieto.* Una vez más, ésta es la fase más importante y no le resulta fácil a nadie. A menudo prestas atención a tus preocupaciones y no a tu cuerpo, así que cuando estés preocupado, intenta centrarte en el cuerpo. Trata de escanearlo de la cabeza a los pies. ¿Estoy tensando los músculos del cuello, los brazos, las manos, las piernas? Si fuera así, céntrate en esa tensión lenta y tranquilamente. Toma conciencia de lo que le ocurre a tu cuerpo y, cuando puedas, pasa a la siguiente fase. Si no estás tenso, bien. Tal vez lo que empeora la ansiedad no sea la tensión muscular, podría deberse a la hiperventilación (véase sección anterior), o a tus pensamientos.

2. *Estírate y relájate.* Céntrate en la parte de tu cuerpo que está tensa. Estírala y después relájala. Puede que hayas de repetirlo un par de veces, pero quizá con eso baste.

3. *Retoma lo que estabas haciendo.* Cuando te hayas deshecho de la tensión muscular, es importante que retomes lo que estabas haciendo. Más que un tratamiento, la relajación es una estrategia para enfrentarte a tu ansiedad. Relajarte a menudo no te curará, pero te ayudará a salir de ese círculo vicioso que consiste en reaccionar con tensión frente a la ansiedad, lo que sólo la incrementa. Ahora intenta volver a centrarte en tu entorno y en lo que estabas haciendo.

Quizás empieces a observar una pauta. Las técnicas de este libro no son un tratamiento en sí mismas; son modos de empezar a salir del círculo vicioso de ansiedad, conducta y pensamientos en los que las personas suelen caer. La buena noticia es que, con el tiempo, las personas aprenden a salir de estos círculos de un modo más automático, o incluso a no caer en ellos. En ese caso, durante un tiempo la técnica se vuelve innecesaria, así que estas técnicas no son una cura mágica excepcional ni unos rituales que has de cumplir regularmente, sino herramientas que debes usar cuando sea necesario. Al igual que cualquier caja de herramientas, está guardada hasta que la necesites, pero durante el resto del tiempo haces otras cosas.

Experiencia de tensar y relajar los músculos - Laura

Después de tanto tiempo, me resultó sumamente útil saber que podemos generar más estrés interno —uno que no es el resultado del estrés externo— angustiándonos, tensando los músculos e hiperventilando. Podemos acabar «reinfectándonos» si hacemos cosas que aumentan el problema en vez de reducirlo. Siempre me he preguntado por qué ocurre eso, y ahora creo que he encontrado la respuesta.

Dar un paso atrás

Ésta es otra estrategia bastante sencilla, parecida a una versión muy breve de la BRC. Algunos de los momentos más problemáticos se generan cuando quedamos atrapados por nuestras ideas, reflexionando acerca del pasado o del futuro tal vez en lugar de estar notando lo que ocurre en el presente. «Dar un paso atrás» supone comprenderlo y zafarse de esas ideas durante un momento. Supone introducir una pausa entre lo que sientes y cómo reaccionas frente a ello. «¿Qué está ocurriendo en realidad en este instante?» es otra manera de describir esta técnica. A mí me resultó muy grato enterarme de que muchos de mis clientes han empezado a hacerlo más a menudo una vez que la terapia ha llegado a su fin. Puede que funcione porque tienes una idea más clara de cómo enfrentarte a la situación si te percatas de lo que está pasando en realidad, en vez de estrujarte el cerebro buscando una respuesta. Tu mente se limita a almacenar recuerdos del pasado e ideas acerca del futuro que pueden ser correctas, o no, pero el «presente» contiene una información auténtica sobre lo que está ocurriendo y cómo enfrentarte a la situación con eficacia.

Cosas útiles que recordar

Si tienes una intuición o descubres un nuevo modo de observar tus experiencias, podrías apuntarlo. Esta técnica es similar a echar mano de los proverbios o las citas que figuran en este libro. Es muy probable que dispongas de experiencias de aprendizaje propias que te resulten útiles. Esto no significa llenar todo el espacio visible de tu casa con proverbios e intuiciones brillantes, pero apunta los mejores en un cuaderno al que puedas recurrir cuando consideres que podrían ser útiles.

Recurrir a las virtudes, las cualidades y los recursos

Este punto supone una manera general de pensar sobre todos los puntos anteriores: son modos de pensar y actuar que incorporas a tu «caja de herramientas mental». Habrá muchas más que desarrollarás o volverás a descubrir. Puede que seas una persona creativa o que tengas talento para realizar tareas que a otros les resultan difíciles, o quizá puedas recurrir a amigos y conocidos cuyas ideas te resulten útiles. El principio consiste en que un temor, una fobia u otra situación problemática es una dificultad para la cual te preparas echando mano de las virtudes y los recursos de los que dispones. A veces parece que esas virtudes y cualidades han desaparecido, por ejemplo cuando estás deprimido, cansado o exhausto. Es algo natural. Nuestro estado de ánimo afecta a nuestra capacidad de recordar nuestras cualidades positivas. A medida que las personas aprenden a enfrentarse a los problemas, tienden a aceptar que no siempre tienen presentes sus virtudes; éstas siguen estando ahí y volverán a tenerlas presentes en otro momento. En el capítulo 11 figura más información acerca de las virtudes, los valores y los recursos.

Autotranquilizarse

Muchos de nosotros emprendemos luchas mentales en las que nos criticamos por no saber cómo enfrentarnos a los problemas o por cometer errores. Una manera alternativa de dirigirnos a nosotros mismos es decirnos cosas que supongan una aceptación de nuestra ansiedad y de los errores que podamos cometer, y que nos proporcionen esperanza e ideas acerca de cómo hacerles frente en el futuro. De hecho, hay indicios de que este enfoque auto-tranquilizador tiene un efecto sobre las sustancias químicas del cerebro que ofrecen un alivio natural del dolor: las endorfinas. Dichos estudios han sido revisados por el terapeuta e investigador Paul Gilbert, e ilustran la manera en la que aplica él la terapia cognitiva. He aquí algunos ejemplos de afirmaciones que reflejan este concepto. Claro que aunque puede ser útil repetirlas, no las aprovecharás hasta que creas en ellas, tal vez cuando hayas comprobado que te ayudan a enfrentarte a tus problemas.

Todo el mundo siente ansiedad en algún momento. Sentirse disgustado, ansioso o enfadado es normal.

Sé que mi ansiedad es real porque la siento corporalmente.

Mi ansiedad es absolutamente adecuada dadas mis experiencias pasadas y dado lo que creo que podría estar ocurriendo ahora o en el futuro.

Con el tiempo, mi sensación de ansiedad desaparecerá. Lo sé porque ya ha ocurrido antes, pero comprendo que ahora mismo me cueste aceptarlo.

Cuando estoy muy deprimido, me cuesta pensar en mis virtudes, mis cualidades y mi valor como ser humano, pero comprendo que aún están ahí para ser redescubiertos e incrementados en el futuro.

Si logro enfrentarme a una situación tan bien como antes aunque no mejor, eso también supone un paso positivo.

Comprendo que sufriré reveses, porque forma parte de aprender a hacer frente a mis problemas.

Todo el mundo comete errores. Es uno de los modos en los que aprendemos a enfrentarnos a los problemas futuros.

Dieta

Hay otro aspecto que debe tenerse en cuenta, y lo he dejado para el final de este capítulo porque su vínculo con la psicología es menor, pero no por eso menos importante. Hay indicios de que la dieta afecta a nuestra capacidad de pensar, razonar y administrar nuestras emociones. No resulta muy sorprendente dado que lo que comemos hace que nuestro cuerpo y nuestro cerebro funcionen correctamente. La elección más idónea parece ser una ingesta equilibrada de proteínas (porque contienen aminoácidos esenciales), grasas (que revisten los conductos que envían señales de una célula nerviosa a otra), frutas y verduras (porque contienen importantes vitaminas) y existen muchos otros libros especializados en el tema. También podrías tomar vitaminas y minerales si por algún motivo tu dieta no fuera equilibrada. Además, hay indicios convincentes de que el omega-3 es bueno para la salud mental, así que podrías comer más pescados grasos o tomar píldoras de aceite de hígado de bacalao. Beber más de cuatro o cinco bebidas diarias que contengan cafeína (té, café, cola, bebidas energéticas) puede incrementar los efectos físicos de la ansiedad, así que procura reducir su ingesta. Ninguna de estas sugerencias eliminará la ansiedad, puesto que la dieta rara vez es la causa principal, pero es muy posible que aumenten la capacidad de aprender a enfrentarse mejor a los problemas.

Puntos clave

- Practicar las estrategias para enfrentarte a los problemas puede ser útil, aunque sólo lo hagas durante un rato.
- La hiperventilación es inocua.
- Es posible aprender a ralentizar la respiración hasta alcanzar un ritmo normal.
- Las ideas se nos vienen a la cabeza diariamente cientos de veces.
- Después de que una idea se nos ha venido a la cabeza, podemos elegir qué hacer o pensar.
- «Dar un paso atrás» y ver qué está ocurriendo en el presente puede ser útil.
- La conciencia de las virtudes de cada uno va y viene, y se ve afectada por los cambios de humor, pero las virtudes siguen allí.

4

Comprender qué es el temor

El temor normal nos protege; el temor anormal nos paraliza. El temor normal nos impulsa a mejorar nuestro bienestar individual y colectivo; el temor anormal no deja de emponzoñar y distorsionar nuestra vida íntima. El problema no consiste en deshacerse del miedo sino en controlarlo y dominarlo.

MARTIN LUTHER KING JR

Aceptar lo que ha ocurrido es el primer paso para superar las consecuencias de cualquier desgracia.

WILLIAM JAMES

¡El temor puede ser útil!

En esta sección explicaré por qué el temor —además de ser algo normal— supone un aspecto intrínseco del ser humano y una manera esencial de evitar el peligro. Es obvio que cuando estamos ansiosos nuestro cuerpo reacciona de un modo diferente de lo habitual. Todos esos cambios corporales que experimentamos cuando estamos ansiosos forman parte del modo en el que el cuerpo se prepara para hacer frente a un peligro real, y en el caso de diversos tipos de peligro, estas reacciones resultan muy útiles e indican que nuestro cuerpo funciona como es debido. Espero que esta afirmación se vuelva más clara una vez que la reacción de temor haya sido explicada en detalle.

Las tres fases del miedo

Existen tres fases del miedo: la detección, la interpretación y la reacción, y las tres están presentes tanto en los animales como en los humanos, tengan fobias o no las tengan.

Detección

Lo primero que se detecta es un cambio, que literalmente puede ser cualquier cosa. Puede que provenga del exterior o del interior del cuerpo o de la mente. Puede ser el crujido de una rama a tus espaldas, un recuerdo repentino, una idea acerca de lo que los demás están diciendo o un dolor. Cuando notas un cambio, le prestas atención. A veces es como si el cambio «atrapara» u «ocupara» tu atención, y eso puede ser muy angustioso en sí mismo.

Es obvio que cuanto mayor sea el cambio, tanto más atraerá tu atención. Los ruidos fuertes o los movimientos repentinos tienen una gran capacidad de llamar tu atención, al igual que los recuerdos vívidos, las ideas inusuales y las sensaciones corporales intensas. Es razonable prestarles atención porque podrían ser importantes. Esta actitud está «integrada» en todos nosotros porque es muy importante que notemos los cambios en nuestro entorno, y cuanto más pronunciado es el cambio, tanto más importante resulta notarlo, aunque algunos son más sensibles a ello que otros. Sin embargo, en esta fase no hay una certeza absoluta de que el cambio indique peligro; podría ser bastante inofensivo. El peligro pertenece a la segunda fase.

Interpretación

Tras notar un cambio, uno se centra en éste para descubrir qué significa. Esta fase puede presentarse con rapidez. Por ejemplo: paseas por un bosque y oyes el crujido de una rama a tus espaldas. ¿Qué es lo primero que se te ocurre? Quizá signifique una amenaza y tu reacción inmediata sea el temor: la interpretación es instantánea. Pero ¿y si te proporcionara más información acerca de la situación? Paseas en compañía de un amigo que se encuentra unos pasos detrás de ti y en ese caso el crujido de una rama que se rompe no es ningún indicio de peligro. Esta fase es muy importante puesto que nos ayuda a diferenciar un peligro real de una falsa alarma. Una falsa alarma es algo de lo cual podemos hacer caso omiso y retomar lo que hacíamos antes de ser interrumpidos. Este ejemplo demuestra que a menudo el peligro no es lo que vemos u oímos sino cómo lo interpretamos. Si nos tomamos el tiempo de prestar atención al entorno (por ejemplo: notando que «quien está a mis espaldas es un amigo») lo que notamos se vuelve menos amenazador.

Quizá digas que todo eso está muy bien, pero que algunas cosas son intrínsecamente peligrosas, como por

ejemplo un tigre feroz, que resultaría peligroso en cualquier situación, ¿verdad? Pero con un poco de imaginación, veremos que ése tampoco es el caso. ¿Y si el tigre
estuviera enjaulado o fuera una proyección holográfica
perfecta que sabes que no es real? Una vez más, el modo
en que interpretas la situación determina si se trata de algo
peligroso o no.

Numerosas investigaciones demuestran que quienes
sufren una fobia tienen una tendencia mucho mayor a in-
ventar una explicación amenazadora para este tipo de situación y que parecen hacerlo de manera automática. Una
parte de aprender a enfrentarse a las fobias es notar esta tendencia y obtener mayor información para comprobar si la
amenaza quizá sea menor de lo que creías. A lo mejor hay
cosas que has pasado por alto. Por ejemplo: estás hablando
con un grupo de personas e inicialmente parece que una te
mira con mala cara, pero al volver a contemplarla ves que
sólo se inclinaba hacia ti para concentrarse en lo que decías.
Cuando los fóbicos incorporan una mayor información
pueden cambiar de idea y comprender que la situación no
es tan peligrosa como creyeron al principio. Ello demuestra que los fóbicos no son irracionales: son capaces de
interpretar una situación de un modo más útil y realista
cuando son capaces de considerar otras alternativas. La diferencia consiste en que los fóbicos tienden a aceptar la explicación más amenazadora en primer lugar y después se
quedan con ésta y reaccionan con temor en vez de tratar de
obtener una mayor información que podría tranquilizar-
los y demostrarles que la situación no es peligrosa.

El temor se presenta de manera repentina y puede ser
muy intenso, pero cuando la persona procura reaccionar
lo más rápidamente posible frente a algo peligroso, eso

parece impedir que primero compruebe a fondo si lo es. Claro que a veces no hay tiempo para hacerlo y cualquiera reaccionaría del mismo modo. Pero lo ideal sería enfrentarnos lentamente a una situación aterradora y tomarnos el tiempo necesario para considerar explicaciones no amenazadoras y evaluar si realmente es peligrosa. En el apéndice 1 figuran algunos ejemplos de interpretaciones no amenazadoras con respecto a experiencias habituales.

Reacción

Una vez que una persona (o un animal) ha interpretado el cambio como algo posiblemente peligroso, esto provoca una reacción corporal para preparar la huida; todo este proceso ocurre en menos de un segundo. Por ejemplo, nos sobresaltamos cuando alguien se acerca sigilosamente por detrás y grita: «¡Buu!» Es una reacción útil porque nos avisa de un posible peligro. Un ejemplo: una gacela se alimenta en la sabana africana y de pronto detecta un movimiento en la hierba, lo identifica como un león y reacciona instantáneamente echando a correr y poniéndose a salvo. Es evidente que se trata de una reacción vital. Si la gacela no hubiera echado a correr de inmediato, habría sido devorada. La probabilidad de que la gacela logre escapar se ve aumentada porque su temor ha causado cambios corporales que la preparan para escapar con rapidez. El cuerpo lo realiza de manera eficaz liberando una sustancia química en el torrente sanguíneo que afecta a muchas partes de su cuerpo. Esa sustancia es la adrenalina. El mismo proceso ocurre en los humanos, en todo tipo de situaciones. La amenaza también puede provenir de un animal, como una araña o una serpiente, de otra persona e incluso de un cambio corporal o mental (por ejemplo, una idea aterradora). En cada caso, el humano experimentará un aumento de adrenalina en sangre, al igual que la gacela.

Los efectos de la adrenalina son amplios y ello supone una bendición para la gacela. Respira con mayor rapidez para asimilar más oxígeno que le proporcionará energía vital. El corazón le late más aprisa, bombeando oxígeno a los músculos de las patas mientras corre para ponerse a salvo. La irrigación sanguínea en ciertas partes del cuerpo, como el estómago, que son menos importantes durante la huida, también disminuye para que el oxígeno llegue a los músculos. La adrenalina también afecta a los sentidos, agudizándolos, para que la gacela descubra la mejor ruta de huida y se ponga a salvo. Todas estas reacciones corporales le ayudarán a escapar y resultan vitales para su supervivencia.

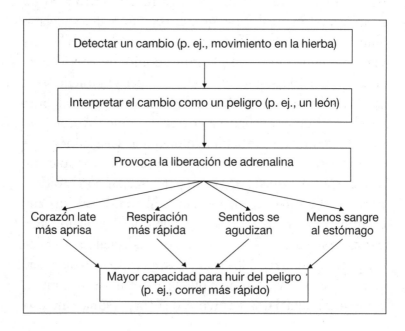

¿Qué relación tiene esto con la sensación de temor?

Espero que estés de acuerdo con la explicación anterior, pero puede que en este momento no lo estés del todo. No importa, tal vez haya ciertos puntos que comprendas más adelante. No obstante, comprender el temor tal y como lo he descrito supone ciertas consecuencias interesantes, porque significa que el temor es algo normal. Es una consecuencia inevitable de la vida: a menudo notamos cosas que podrían ser peligrosas. En ciertas situaciones, el temor, y sus efectos corporales, resultan útiles. Nuestra sensación de ansiedad es importante porque nos advierte de un posible peligro, nos sugiere que algo está ocurriendo, pero el modo de descubrir si hay peligro es comprobarlo y obtener más información. Considera si existen motivos para sentirte en peligro o para sentirte a salvo. Incorporar más información en vez de confiar en tus sentidos parece ser la manera de hacerlo. Lo que sientes se limita a ser un indicio, unas veces preciso y otras erróneo. La auténtica información acerca del peligro se encuentra en torno a ti.

La estrecha relación entre la mente y el cuerpo

Lo abarcado hasta ahora conlleva un mensaje importante: la mente y el cuerpo están estrechamente relacionados. Nuestras ideas afectan a las reacciones de nuestro cuerpo (por ejemplo: la idea de estar en peligro provoca la liberación de adrenalina) y notar estas reacciones nos conduce a ciertas ideas (por ejemplo: cuando nos falta el aire quizá creamos que nos estamos asfixiando), así que no resulta difícil comprender que eso puede hacernos caer en un círculo vicioso en el cual el temor a asfixiarnos provoca una mayor liberación de adrenalina, que a su vez intensifica las sensaciones corporales y nos hace creer que corremos peligro de verdad, incrementando nuestro temor y evitando que el círculo se rompa. Más adelante determinaremos esos círculos viciosos y mostraremos cómo zafarnos de ellos pensando en nuestras experiencias de un modo diferente, con unos pensamientos que no son las ideas amenazadoras que tal vez experimentes en este momento.

El estrecho vínculo entre la mente y el cuerpo también incluye un aspecto positivo, puesto que significa que podemos crear círculos que nos resulten útiles, «círculos virtuosos» que nos fortalezcan mental y físicamente. Un ejemplo supone pensar que nos comprenden de un modo compasivo. Imagina que hablas con alguien considerado que te escucha. Ese tipo de escucha genera unas sustancias químicas en el cerebro que tienen un efecto benéfico (se denominan endorfinas u opiáceos naturales) y son éstos los que alivian el dolor emocional y físico. Paul Gilbert, terapeuta cognitivo, ha investigado a fondo el papel que representan estos sistemas cerebrales en la terapia; su obra incluye mayor información acerca de este proceso. Puede que los modos autotranquilizadores de pensar en uno mismo que figuran al final del último capítulo de este libro también tengan efectos positivos similares. Como todo lo presentado en este libro, no es la única solución a los problemas de ansiedad, pero tal vez resulten de utilidad a algunas personas.

¿Qué tipo de cosas temen las personas?

Lo que provoca temor parece no tener límite. A menudo las personas están más familiarizadas con las fobias causadas por lo externo, como la altura, las inyecciones, ciertos animales, fenómenos naturales como los rayos o las inundaciones y objetos como los puentes y los globos. Ciertos temores son más amplios, como el temor a ser examinado o juzgado por los demás o a encontrarse muy lejos del hogar. También se suele tener miedo de ciertas experiencias corporales o mentales, como la sensación de asfixia; de sentimientos de tristeza, ira o repugnancia que a algunos les resultan inaceptables; de la idea o la imagen de tener las manos cubiertas de gérmenes que obligan a la persona a lavarse; y del recuerdo de experiencias traumáticas que procuran quitarse de la cabeza. Eso significa que aun cuando a los demás les parezca extraño lo que temes, no hay ningún motivo para creer que tus temores son anormales. La gama es muy extensa. Las personas temen cosas muy diferentes porque todos experimentamos cosas únicas y establecemos nuestro propio juicio acerca de lo que es peligroso. En el apéndice 1 figuran otros ejemplos.

Como hay tantas cosas que provocan temor en las personas, tal vez consideres que cada una requiere un tratamiento diferente, lo que complicaría mucho el tema. Pero hay dos motivos por los cuales no es así. Primero porque, sea cual sea la causa de la fobia, parece que todas se rigen por los mismos principios. Por ejemplo: todos los fóbicos tienden a ser muy sensibles con respecto a notar lo que temen. Segundo, en todas las fobias, lo que causa temor es lo mismo; a saber: la sensación física del miedo. Por eso

aprender a hacer frente, comprender y tolerar esas sensaciones corporales es una parte tan importante de enfrentarse al temor y la ansiedad. A menudo lo que tememos
no es el objeto en sí mismo (por ejemplo, una araña), sino
los sentimientos que nos provoca, como la repugnancia
o el miedo y lo que creemos que significan. Por ejemplo: una cliente interpretó que su sensación al ver una
araña señalaba «la presencia de algo maligno». Comenta-
mos que tal vez era mejor explicar esas sensaciones como
una reacción temerosa normal provocada por la adrenalina. Hablamos sobre el hecho de que la araña fuera
algo maligno o no, y cómo podría saberlo. Si la araña po-
seía el alma de un santo pero no dejaba de parecer una
araña, moverse como una araña y ponerla nerviosa, ¿se-
guiría siendo «maligna»? Volveremos varias veces sobre
cómo aprender a tolerar la sensación de ansiedad paso a
paso.

Ejemplos de los diversos temores de Alice

> Ir de compras a la ciudad me daba muchísimo miedo.
> Parecía haber varias cosas que temía. No podía detenerme
> ante los semáforos, no soportaba la idea de no poder pa-
> rar el coche cuando quería, de encontrarme en medio del
> tráfico, de conducir por la calle principal, aparcar el coche
> y apearme. La mera idea de hacer estas cosas me daban
> angustia, taquicardia y sensación de irrealidad. Para mí, la
> ciudad era como una jungla peligrosa.

La experiencia de Rasheeda al enfrentarse a la sensación de ansiedad

Una de las cosas que al principio me frenaban era la convicción de que tenía demasiado miedo y estaba demasiado ansiosa con respecto al objeto de mi fobia —las arañas— como para curarme. Tenía presente que mi recuperación suponía que a veces tendría que permanecer cerca de una araña u observar sus movimientos, y que eso me daba tanta angustia que no estaba segura de poder hacerlo. Sin embargo, descubrí que la sensación de ansiedad intensa no dura mucho y que, en vez de empeorar, cuanto más persiste tanto más disminuye, hasta dejar de sentirla por completo. Así que cuando veo una araña en movimiento, si en vez de desviar la mirada no dejo de observarla, la ansiedad disminuye hasta desaparecer, aunque siga observándola.

¿Cómo se inician los temores?

No existe una única respuesta acerca de lo que causa los temores y las fobias, aunque es verdad que los problemas de ansiedad tienden a ser cosa de familia. La investigación indica que, en parte, las causas son hereditarias y en parte se deben a lo que experimentamos de niños. Estas investigaciones se realizan de diversas maneras. Unas aprovechan el hecho de que los mellizos idénticos tienen genes idénticos. Heredamos los genes de nuestros padres, se forman antes de que nazcamos y no cambian jamás, independientemente de lo que nos ocurra. Los estudios que proporcionan mayor información son los que investigan a mellizos idénticos que han sido adoptados y criados por separado, así que sólo comparten los mismos genes pero no el mismo entorno. Se ha descubierto que si un mellizo sufre un trastorno de ansiedad, la probabilidad de que el otro también lo sufra es mucho mayor; eso significa que los genes influyen en que alguien sufra un trastorno de ansiedad. Pero los genes no lo son todo. Existe una amplia proporción de mellizos idénticos entre los que sólo uno sufre un trastorno de ansiedad (o cualquier tipo de fobia). Eso debe de significar que las experiencias de las personas también son importantes.

Existen numerosos indicios de que la mayoría de los niños desarrollan ciertos temores de manera natural durante la infancia, como el miedo a las alturas entre los dieciocho y los veinticuatro meses, cuando empiezan a caminar y corren el peligro de caer. ¿Por qué algunos de esos miedos se convierten en fobias cuando se hacen adultos? Aunque aún no ha quedado demostrado del todo, parece que depende del modo en el que quienes cuidan a los niños (generalmente los padres) se enfrentan a ese miedo y a la ansiedad que provoca en el niño. Algunos lo consolarán, lo escucharán y le ayudarán a enfrentarse a esa situación en el futuro, y con el tiempo esos niños tenderán a desprenderse del temor. Pero otros quizás estén convencidos de que el peligro era real y reaccionen frente a la ansiedad del niño procurando evitar cualquier situación ligeramente peligrosa, y a veces también reaccionan de manera muy crítica frente a los problemas de ansiedad de sus hijos en vez de aceptarlos y ayudarles a enfrentarse a ellos. Estos niños tienen una mayor probabilidad de desarrollar fobias. En otro libro de esta serie, cuyo autor es Sam Cartwright-Hatton, figura más información sobre este tema. La obra aparece en la lista de lecturas recomendadas al final de este libro.

Es importante señalar que las fobias no sólo las causan los genes y el tipo de crianza. Puede que algunos sufran experiencias angustiosas que provoquen una fobia, o la empeoren. A veces pueden ser acontecimientos muy traumáticos como una lesión grave, un *bullying* (intimidación o acoso) prolongado, una agresión sexual o haber presenciado una escena violenta o una muerte. De hecho, existe un trastorno, el trastorno por estrés postraumático (TEPT), que en parte está determinado por haber experimentado un trauma en el pasado. Hay otros problemas de ansiedad que también pueden estar provocados por un trauma. Algunas personas que han experimentado o presenciado un hecho traumático, por ejemplo un accidente de coche, no dejan de hacer comprobaciones, como verificar el funcionamiento del coche cada vez que pasan junto a un peatón, porque también ellos podrían convertirse en responsables de un accidente.

Otros relatan experiencias aterradoras menos traumáticas pero igual de intensas, como perderse en un supermercado o quedarse aislado en medio de una tormenta. Así que hemos de tener en cuenta que los genes, la conducta de nuestros padres y las experiencias personales pueden causar ciertas fobias. La importancia de cada uno de estos aspectos varía según las personas, y esas experiencias se irán acumulando durante el transcurso de nuestras vidas.

Cuando ocurren en la infancia, dichas experiencias tienden a afectar al modo de pensar del individuo. La terapia psicológica puede ser de ayuda para que los individuos comprendan cómo se inició, lo que a menudo supone hablar de experiencias angustiosas del pasado y ser escuchado con consideración, y también les ayuda a comprender cómo sus experiencias pasadas afectan su modo actual de pensar. Suele haber una estrecha relación entre la experiencia del pasado y el problema actual. Por ejemplo: quienes temen sufrir una enfermedad física suelen tener familiares cercanos que han muerto a causa de la enfermedad que les preocupa. Quienes sienten temor frente a ciertas situaciones sociales pueden haber sufrido *bullying* en la infancia, y quienes sufren claustrofobia suelen haber vivido experiencias aterradoras, como la asfixia o alguna clase de dominación. Según mi experiencia, parece que estas vivencias se van acumulando en el transcurso de la vida de un individuo, y en cada fase éste toma decisiones para evitar que las experiencias negativas se repitan, de tal modo que provoca un giro en su vida. En parte, aprender a enfrentarse a los problemas supone una comprensión gradual de la manera en la que tu vida ha sido orientada por acontecimientos como éstos y emprender una nueva dirección en la que en vez de tratar de evitar el peligro intentas enfrentarte a él. Esta situación actual, ¿es realmente idéntica a la anterior? ¿Cómo puedo reaccionar de un modo diferente al anterior frente a lo que está ocurriendo en el presente?

No es imprescindible establecer estos vínculos durante la terapia, pero parecería que una relación estable con otra persona resulta importante. Mediante este libro no puedo generar una relación real contigo, lector, pero espero que leerlo te ayude a pensar en el tipo de relación real que te agradaría establecer, una que te ayude a hablar de estas experiencias. Una vez más, quizá no sea una respuesta completa pero sí es una de las cosas que les han resultado útiles a otras personas con fobias.

La explicación de Rasheeda de cómo pudo haberse generado su propia fobia

Si mal no recuerdo, de niña las arañas no me daban mucho miedo. Un verano, cuando tenía ocho o nueve años, estaba en el campo, sentada en una silla con las piernas colgando, concentrada en un libro. Al principio creí que lo que me hacía cosquillas en la pierna era una brizna de hierba, así que me limité a apartarla sin mirar. Tras varios intentos de apartar la brizna, bajé la vista y vi una gran araña trepando por mi pierna. La agité tratando de desprenderla y empecé a gritar. Mi madre corrió a ver qué sucedía y vio a la araña que se alejaba. Dijo que era muy grande y trató de atraparla con una olla, pero fracasó. Es muy posible que, al tratar de capturarla, confirmara mi temor de que era un bicho peligroso. A partir de entonces, cada vez que veía una araña le pedía a mi madre que la retirara. A menudo trató de animarme a hacerlo yo misma o a hacerlo juntas, pero siempre me negué y al final era ella quien se encargaba de hacerlo. Yo estaba muy asustada y ella sólo pretendía ayudarme, pero nunca aprendí a enfrentarme a una araña.

En la adolescencia, el miedo a las arañas no supuso un gran problema, puesto que me crie en la cuarta planta de un edificio en Estambul, donde las arañas no proliferaban, así que no era algo en lo que pensara con frecuencia. Pero cuando me trasladé a Inglaterra para asistir a la universidad, viví en una casa antigua, de viejas tuberías y parqué llenos de arañas, y pasar de ver unas pocas arañas en muchos años a encontrar al menos una o dos muy grandes cada semana supuso un choque considerable y creo que fue entonces cuando desarrollé la «aracnofobia».

La explicación de Alice de cómo pudo haberse generado su fobia

Pensándolo bien, creo que mi agorafobia se debe a causas genéticas, medioambientales y a la crianza que recibí de mis padres. Fui la hija muy deseada de padres mayores. Mi madre era una persona muy ansiosa y sufría claustrofobia y cierta agorafobia. No me permitían realizar actividades infantiles como trepar a los árboles. Mi madre no dejaba de decirme: «¡Ten cuidado!» o «¡Te harás daño!». No la culpo por ello porque era una víctima de su ansiedad. Al hacerme mayor, mi entorno me resultaba cada vez más amenazador y sólo me sentí a salvo en mi nuevo hogar. Supongo que se debe a que mis padres no me enseñaron a enfrentarme a la ansiedad que me provoca encontrarme en un lugar desconocido.

Recuerdos e imágenes mentales

Ya he destacado que debemos considerar tanto las fobias experimentadas mental y físicamente como los acontecimientos externos del mundo real. También me he referido a las causas de las sensaciones corporales que acompañan a la ansiedad. Los recuerdos y las imágenes mentales también son importantes. A menudo, cuando alguien se enfrenta al objeto que le causa temor (como las pieles), no reacciona frente al objeto en sí mismo (por ejemplo, un animal de peluche) sino a las imágenes, y a veces a los recuerdos que el objeto provoca. Muchos de éstos son visuales, pero también pueden ser un sonido, un olor o una sensación física, por lo que a veces se los conoce como recuerdos corporales. Puede que una persona que tiene miedo de las pieles tenga la imagen mental de ser asfixiada por una piel, algo mucho más aterrador que un juguete de peluche y que explica por qué la ansiedad que siente es tan intensa. Cualquiera se sentiría angustiado si lo asfixiaran con una piel. Lo que los demás observan cuando un fóbico reacciona frente a un objeto rara vez refleja lo que esa persona siente, tanto corporal como mentalmente.

¿Qué causa esas imágenes mentales? ¿Son normales? La psicología ha investigado el tema de las imágenes mentales durante mucho tiempo. Hacemos uso de ellas para orientarnos en una ciudad desconocida tras haber memorizado el plano y también para resolver problemas espaciales como los rompecabezas. Nuestro recuerdo del pasado está parcialmente basado en las imágenes almacenadas en nuestro cerebro, que de algún modo logramos hacer aparecer cuando queremos recordar acontecimientos. Las imágenes mentales no sólo son normales, además son muy importantes. El problema surge cuando algunas de ellas contienen elementos que nos asustan. Cuando esas imágenes del pasado, que pueden parecer muy vívidas y reales, regresan al presente, tendemos a reprimirlas en vez de verlas y manipularlas como si fueran el recuerdo de un plano de la ciudad en la que vivimos. Resulta tan imposible borrar un recuerdo angustioso como obligarte a olvidar la disposición del centro comercial de tu barrio. Reprimir imágenes supone un intento de engañarnos a nosotros mismos y creer que no existen, como esconder una multa de tráfico en el fondo de un cajón para no tener que pagarla. No la ves, pero eso no significa que haya dejado de existir. Parece que no podemos borrar nuestros recuerdos, pero los psicólogos han descubierto que si alguien experimenta estas imágenes y logra notar que son recuerdos de eventos pasados, puede empezar a reconstruir cómo se produjo el desarrollo de sus temores. Una vez que comprendes esos incidentes pasados y empiezas a hacerles frente, las imágenes tienen un impacto menor en el presente.

Un ejemplo de una imagen experimentada por Alice

En cierta oportunidad, tuve que esperar dos horas para tomar el autobús a casa. La espera me daba pánico. A partir de entonces —han pasado treinta años— no he vuelto a tomar un autobús. La imagen de aquella larga espera y de mi pánico regresa cuando me encuentro en una situación similar.

La imagen que tiene Rasheeda de las arañas

Mientras tenía la fobia, con frecuencia experimentaba imágenes mentales vívidas de arañas. Era muy perturbador porque las imágenes me causaban una profunda ansiedad, a menudo parecida a la que sentía cuando me encontraba con una araña de verdad. Tras pensar en las arañas, solía sentir que estaba cubierta de arañas y eso me angustiaba todavía más. Estas imágenes se me «aparecían» de noche, cuando intentaba conciliar el sueño. La invasión de imágenes que me impedían dormir me afectaba de día, porque siempre estaba cansada. Intenté enfrentarme al problema tratando de eliminarlas de mi mente, pensando en otra cosa o prendiendo la luz y manteniendo los ojos abiertos; a veces incluso me pellizcaba para distraerme. Ninguna de estas técnicas funcionó, porque las imágenes invasoras persistieron hasta que inicié una terapia. Durante la terapia descubrí que algunas de las imágenes eran muy parecidas a mis experiencias con arañas durante la infancia. Es como si mi cerebro hubiera recordado aquellas circunstancias aunque no hubiera pensado en ellas adrede.

Hay indicios de que quienes aprenden a enfrentarse, centrarse y reconstruir sus imágenes mentales aterradoras logran enfrentarse mejor a sus temores, y ello parece ocurrir por dos motivos. En primer lugar, si se trata de recuerdos de acontecimientos reales, volverlos conscientes hace que las personas obtengan una mayor comprensión de su pasado y de cómo llegaron hasta donde se encuentran ahora. En segundo lugar, al observar las imágenes y los recuerdos de este modo, las personas empiezan a verlos como lo que son: imágenes y recuerdos en vez de eventos angustiosos que se repiten. Equivale a eliminar fotogramas de una película de terror. Cuando vemos una película de terror en la sala oscura de un cine, las escenas aterradoras aparecen de pronto y apartamos la mirada. Ahora imagina que te haces con el rollo de película o de una versión electrónica que puedes manipular en un ordenador. Entonces verás las escenas que conforman la película y podrás ralentizarlas, acelerarlas e incluso modificar el orden o el final. Ahora resulta mucho más fácil contemplar las escenas y verlas como fragmentos de una película en vez del evento en sí mismo, y al mismo tiempo ver los detalles de la acción.

Otra manera de considerar una imagen mental es verla como el mapa de un lugar. Si lo utilizaras para planificar un viaje difícil y estresante, la hoja de papel con el mapa impreso no te daría miedo. Del mismo modo, una imagen mental equivale a un mapa del mundo exterior; éste puede resultarnos útil o dañino, pero no la imagen, que sólo puede prepararnos para lo que planeamos hacer.

Cómo aprendió Rasheeda a enfrentarse a sus imágenes

Cualquier cosa pequeña que me hace cosquillas, como un hilo que cuelga de una prenda de vestir, me hace pensar en arañas y me pone nerviosa. Siento que las arañas se arrastran por encima de mi piel y siento un cosquilleo en todo el cuerpo. Estoy convencida de que se debe a mi primer encuentro con una araña grande, esa vez en que al principio creí que lo que me hacía cosquillas era una brizna de hierba, hice caso omiso de ello y la araña se arrastró casi hasta mi rodilla. Antes de la terapia solía ser muy inquieta, me movía para liberarme del cosquilleo y supongo que además, inconscientemente, comprobaba si éste estaba generado por una araña de verdad. Con la terapia, he aprendido a esperar a que la sensación se desvanezca por sí sola y el resultado es que ahora ésta dura mucho menos que antes.

Tras someterme a la terapia y recuperarme considerablemente de la fobia, estas imágenes invasoras casi han desaparecido. De vez en cuando sueño con arañas, pero me causa una ansiedad mucho menos intensa que antes y a veces ni siquiera me despierto. Y si me invade una imagen, sé cómo enfrentarme a ello. He descubierto que tratar de reprimirlas es inútil. Si me limito a no hacerles caso acabarán por desaparecer, al igual que la ansiedad que me provocan.

Una vez más, has de tomarte tu tiempo con estas técnicas. No te apresures a revivir todas tus experiencias infantiles ni a centrarte en tus imágenes mentales a costa de tu vida cotidiana. Tienes tu propia manera de actuar que hasta ahora tal vez te haya resultado útil. Has de probar algo nuevo poco a poco y sólo si tú quieres, así que retomaré este tema más adelante.

¿Cuándo evitar un peligro supone una buena manera de enfrentarse a éste?

A lo mejor este libro —u otras fuentes— te transmiten la idea de que evitar lo que temes es negativo. Espero que cuando llegues al final del libro hayas cambiado de idea.

Evitar un peligro no es moralmente negativo y no deberías sentirte culpable por hacerlo, porque tiene un objetivo muy comprensible. Evitar lo que temes puede resultar muy útil. Por ejemplo: es muy peligroso asomarse al borde de un precipicio sin el equipo adecuado, así que dejar de hacerlo no sólo es útil sino que además podría salvarte la vida. Todos tenemos una tendencia innata a evitar lo que tememos y quizá lo mismo se aplica a las experiencias mentales y corporales. Tal vez sea mejor evitar las experiencias que parecen muy peligrosas porque enfrentarse a ellas superaría a cualquiera. Por eso aprender a enfrentarte a tus temores ha de ser un proceso gradual, que no limite tu capacidad de evitar una situación cuando sea realmente necesario. Bien, ¿en qué circunstancia evitar un peligro no es el modo adecuado de enfrentarse a él? La respuesta es un tanto imprecisa, y quizá se vuelva más clara a medida que sigas leyendo. Básicamente, evitar el peligro no resulta útil cuando alguien evita una experiencia mental o corporal porque cree que la experiencia en sí misma causará una catástrofe terrible y real. En otras palabras, actúa como si la sensación, la idea o el recuerdo fueran el auténtico peligro, en vez de considerarlos como la sensación, la idea o el recuerdo del peligro. Tratan las cosas que ocurren en su mente o en su cuerpo como si fueran acontecimientos del mundo real. Espero que leer este libro en parte suponga que separes las ideas de la realidad y aprendas a tolerar las ideas o las sensaciones causadas por acontecimientos peligrosos sin tener que hacer frente a un peligro real.

Evitar el peligro - Paul

Durante muchos años, modifiqué mi conducta con el fin de enfrentarme a la ansiedad. No entraba en lugares ocupados por grupos de muchachos porque estaba seguro de que me atacarían. A veces tenía que volver a casa corriendo porque la calle me parecía demasiado peligrosa. Me preocupaba parecer débil, así que llevaba ropa que me hacía parecer más corpulento. Procuraba no mirar a otros hombres a los ojos. Consideraba que debía hacer estas cosas para estar a salvo, y es verdad que vivo en una zona de Londres donde se producen agresiones todas las semanas, así que creo que mi proceder supuso cierta ayuda. Pero sabía que debía tratar de hacerle frente a mi ansiedad y que lo que hacía me complicaba la vida: ni siquiera podía ir a las tiendas del barrio a menos que todo estuviera realmente tranquilo.

Puntos clave

- El temor puede ser una manera vital de evitar un peligro real.
- La liberación de adrenalina puede generar sensación de ansiedad.
- El temor puede estar provocado por cosas del mundo externo y también por acontecimientos mentales, como las ideas y las imágenes.
- Algunos aprenden a tener menos miedo de sus imágenes mentales cuando comprenden que algunas de ellas son recuerdos.
- Evitar el peligro es un modo de aprender a enfrentarlo.

5

Comprender los círculos viciosos y cómo zafarse de ellos

> Todo aquello que esperamos confiadamente se convierte en una profecía que conlleva su propio cumplimiento.
>
> BRIAN TRACY

> La búsqueda de certeza obstaculiza la búsqueda de significado. La incertidumbre es la condición que impulsa al hombre a desarrollar sus poderes.
>
> ERICH FROMM

Círculos viciosos

Quizá resulte difícil comprender por qué el temor supone un problema tan importante para algunos y para otros no. ¿Acaso algunas personas son diferentes o les ocurren más cosas malas? Puede que sí, pero el modo en que tratamos de enfrentarnos a nuestros problemas también puede empeorarlos. A veces, el modo en que tratamos de controlar nuestros miedos hace que continúen o incluso aumenten. Eso es un «círculo vicioso», y lo explicaré con más detalle en este capítulo. El círculo está formado por diversas partes y explicaré cada una por turno.

Situaciones que provocan ansiedad

Para la mayoría, hay situaciones en las que nos sentimos relativamente seguros y otras en las que nos sentimos en peligro. Por ejemplo: alguien que sufre agorafobia puede sentirse seguro en su casa acompañado de un familiar, pero angustiarse si lo dejan solo en un supermercado. La primera fase de la formación de un círculo vicioso es la situación en sí misma: dónde te encuentras y qué ocurre a tu alrededor. A cada uno le provocan ansiedad situaciones diversas.

```
┌─────────────────────────────┐
│                             │
│         Situación           │
│                             │
└─────────────────────────────┘
```

Sensaciones físicas o acontecimientos mentales provocados por la situación o que aparecen de manera inesperada

La fase siguiente supone algo que ocurre en tu cuerpo o en tu mente, y puede ser una idea que te viene a la cabeza, una imagen, una sensación física repentina o un cambio de humor. Los psicólogos han demostrado que estas experiencias pueden ser «automáticas», es decir, que pueden ocurrir de pronto y no estar causadas deliberadamente. Por ejemplo: a veces te despiertas con taquicardia pero no parece haber ninguna causa obvia. O puedes sentir un dolor repentino. Otro ejemplo sería pensar en algo que no te es característico, como «¡Podría darle un puñetazo a ese individuo!».

Si estas sensaciones o acontecimientos mentales poco habituales se manifestaran de pronto, sobre todo durante tus primeros ataques de pánico, y fueran tan agudas que de verdad creyeras que algo terrible está a punto de ocurrir, resultaría muy comprensible que te preocuparas muchísimo. Quienes sufren este tipo de experiencia tienden a buscar otras señales: prestan una «atención selectiva» a ciertas experiencias. Básicamente, la atención selectiva es aquello en lo que nos centramos: todo lo que miramos, escuchamos y sentimos en un momento dado. Por ejemplo: si estuvieras en el zoológico, podrías optar por ir en busca de los pingüinos, porque te agradan, buscar su jaula mediante el plano y dedicarte a observarlos. Sólo tienes un billete de un día y el zoológico es muy grande, así que dejarías de ver a los otros animales que te interesan menos. En otras palabras, las personas sólo asimilan una porción muy pequeña de su entorno y curiosamente, más que el entorno, en gran parte lo que asimilan son sus propias ideas y sensaciones.

Algunas personas creen que estas experiencias son extremadamente amenazadoras

Centrarse en sensaciones corporales y acontecimientos mentales inusuales no supone un problema en sí mismo. Sin embargo, a algunos se les ocurren ideas catastróficas acerca de lo que dichas experiencias podrían significar. Aunque estas ideas sean extremas, no significa que no sean ciertas. Por ejemplo: alguien que tiene taquicardia de pronto podría convencerse de que está a punto de sufrir un infarto. Es comprensible que a uno se le ocurra una idea catastrófica acerca de una situación tan poco corriente. Puede que sea verdad que esa persona está a punto de sufrir un infarto, o no: sólo es una posibilidad. Pero si esa persona está convencida de que lo sufrirá, puede que ni siquiera se le ocurra otra explicación, por ejemplo que los latidos del corazón se aceleran debido al temor o después de hacer ejercicio.

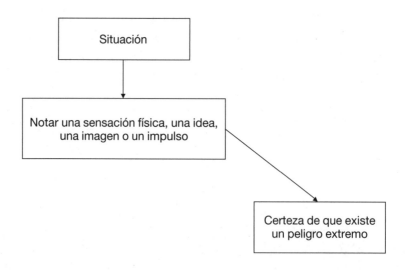

«Conducta de búsqueda de seguridad»

Hacer algo para sentirte a salvo es una reacción comprensible frente a una experiencia que consideras muy amenazadora o aterradora. A las medidas tomadas para tratar de escapar de las cosas malas que creemos que pueden ocurrir se las denomina «conducta de búsqueda de seguridad» o «conducta de seguridad», una expresión acuñada por el terapeuta cognitivo Paul Salkovskis. Los que toman esas medidas creen que así se pondrán a salvo, pero al mismo tiempo se convencen aún más de que la catástrofe podría haber ocurrido de no haberla evitado con su conducta de seguridad. Por ejemplo: puede que alguien que nota que tiene taquicardia y está convencido de que está por sufrir un ataque al corazón se sienta lo más rápidamente posible. «¡Menos mal que me senté a tiempo, de lo contrario habría sufrido un ataque al corazón! —piensa—. ¡Me salvé por los pelos!» Así que las conductas de seguridad evitan que pueda poner a prueba la veracidad de su temor. En el ejemplo anterior, sentarse no evita un inminente ataque al corazón, pero cuando la persona se sienta y deja de prestarle atención a su corazón, cree que ha evitado sufrir un ataque. Sigue creyendo que su corazón es débil porque no siguió haciendo lo que hacía y no dejó que su corazón recuperara el ritmo normal. A veces, cuando la situación ya ha pasado, todo parece muy distinto. La persona ansiosa podría decir: «En realidad no creí que sufría un ataque al corazón.» Después de un rato, puede parecer extraño que uno haya pensado en semejante catástrofe, pero ello proporciona una excelente oportunidad para la próxima vez, porque la persona puede tratar de abandonar la conducta de seguridad y comprobar qué ocurre en realidad.

Hay muchos ejemplos de conductas de seguridad. Incluyen evitar situaciones angustiosas, huir de ellas, reprimir las ideas angustiosas, realizar rituales repetitivos como comprobar, limpiar o acumular y también hacer intentos exagerados para controlar el peso corporal o modificar el aspecto físico. En algunos casos, hasta nuestras acciones constructivas pueden estar impulsadas por el temor, como trabajar mucho para demostrar tu valía ante los demás o evitar el fracaso. Lo que indica que se trata de una conducta de seguridad es que la persona la realiza para tratar de impedir que ocurra algo que considera catastrófico. Lo típico es que las conductas de seguridad no hagan que la persona esté más segura, aunque tal vez se sienta más segura o crea que las conductas funcio-

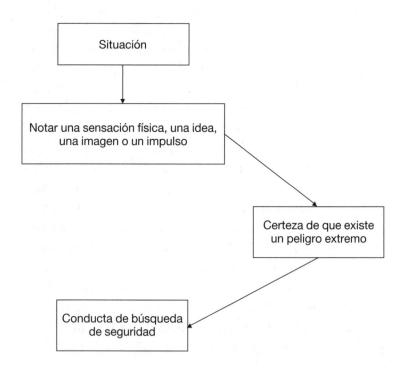

nan. Merece la pena tomar nota de que las conductas cotidianas que evitan peligros reales, como mirar a un lado y a otro antes de cruzar la calle o llevar ropa abrigada en invierno, no son conductas de seguridad. Estas medidas evitan una amenaza real y no tienen los efectos negativos de las conductas de seguridad, comentados a continuación.

Completar el círculo: efectos de las conductas de búsqueda de seguridad

Existen al menos tres maneras en las que recurrir a una conducta de seguridad se convierte en un círculo vicioso y lo retroalimenta:

1. *Confirma la certeza de que existe una amenaza.* Lo he mencionado más arriba: al realizar la conducta de seguridad, la persona se convence de que fue la medida que tomó (la conducta de seguridad) lo que evitó la catástrofe o redujo su gravedad. Sólo abandonando la conducta de seguridad y soportando la situación sin ésta, podrá descubrir que la situación no resulta tan peligrosa como creía.

2. *Provoca un aumento de las sensaciones físicas y los acontecimientos mentales inusuales.* Por ejemplo: las personas que temen parecer nerviosas cuando están en grupo recurren a una conducta de seguridad que consiste en estrujarse las manos para evitar que tiemblen, porque creen que los demás se burlarán de ellos o los rechazarán si les tiemblan las manos, pero estrujarse las manos hace que se sientan más tensas, y eso aumen-

ta su preocupación por parecer nerviosas. Otro ejemplo supone reprimir las ideas angustiosas. Al investigarlo en un laboratorio, se ha demostrado que hace que la idea «rebote» y vuelva a aparecer más adelante. Existen numerosos ejemplos similares.

3. *Afecta a la situación en sí misma y puede afectar a otras personas.* Un ejemplo es evitar mirar a los ojos, que es una de las maneras en las que las personas tratan de no llamar la atención porque les preocupa que los demás se burlen de ellas. Pero resulta que cuando le hablas a alguien que no te mira, la conversación se ve perturbada e incluso puede que el otro crea que quien no lo mira no siente interés por él. A menudo parece que las mismas conductas de seguridad pueden afectar al modo en que te ven los demás, y hace que situaciones futuras sean aún más complicadas. De hecho, cuando alguien evita cualquier situación (por ejemplo, ir al dentista, trabajar, encontrarse con desconocidos, hacer ejercicio) durante un período prolongado, enfrentarse a dicha situación se vuelve más difícil por la falta de práctica. Cuando alguien ha evitado una situación durante mucho tiempo, es poco realista creer que puede volver a enfrentarse a ella así sin más. Al igual que cualquier talento, requiere práctica y ha de desarrollarse paso a paso.

El diagrama de la página siguiente reúne todos los elementos que forman el círculo vicioso e indica los tres efectos de las conductas de seguridad mediante diversas flechas.

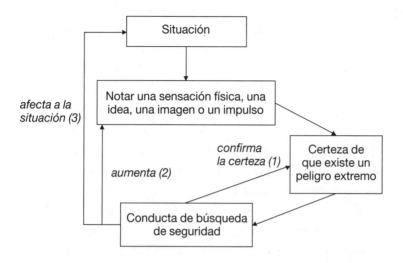

Es fácil caer en un círculo vicioso

Éstas son pautas muy comunes en las que se suele caer, pero algunos caemos con más facilidad que otros, y esto ocurre cuando todo lo mencionado arriba acontece al mismo tiempo. Los tipos de sensación física y de acontecimientos mentales del segundo recuadro son comunes, pero como los experimentamos desde el «interior», solemos no hablar de ellos y entonces parecen aterradores y desconocidos. He enumerado muchos de ellos en el apéndice 1 al final del libro, porque muchos individuos temen leer cosas al respecto. Como están al final, podrás leerlos cuando te parezca. Las personas a menudo creen que estas experiencias indican debilidad o enfermedades físicas o mentales graves. No comprenden que son muy comunes porque los demás tampoco las mencionan. Por ejemplo: en una investigación realizada en personas sin problemas psicológicos se descubrió que éstas experimentaban algunas de las mismas ideas inusuales que quienes sufren un trastorno obsesivo-compulsivo, y sin embargo dichas ideas no les angustiaban en la misma medida. La referencia de esta investigación (Rachman & De Silva, 1978) figura en la lista de lecturas del apéndice 5.

Además, la mayoría ignora que este tipo de experiencias desaparecen con el tiempo, una vez que la persona se siente menos estresada, pero como las ideas acerca de estas experiencias son extremas, uno trata de desprenderse de ellas, reprimirlas o criticarse por tenerlas, y ello conduce a más experiencias desagradables: se forma un círculo vicioso. Cuando el pánico alcanza el punto culminante, el círculo vicioso puede girar sobre sí mismo y uno se siente atrapado dentro de su cuerpo y su mente, y quiere escapar de sí mismo y de sus miedos. Claro que ése es un estado muy angustioso y que tiene un gran impacto sobre quien lo sufre: lo recordará durante años y procurará evitarlo, pero al mismo tiempo ello supone tratar de evitar toda sensación de angustia y, a la larga, eso es muy complicado. En este libro trataremos de ver cómo alguien puede tolerar cierta sensación de angustia y zafarse del círculo de un número creciente de síntomas y evitar que el círculo vicioso se perpetúe. La clave consiste en notar lo que piensas respecto de esas sensaciones y cómo reaccionas frente a ellas.

Algunos ejemplos de círculos viciosos

Los ejemplos específicos de círculos viciosos de esta sección ilustran la manera en que, con el tiempo, las situaciones pueden llegar a aumentar la ansiedad y las personas a acumular certezas preocupantes acerca de sus sensaciones físicas y acontecimientos mentales, incluida una serie de conductas de seguridad que creen que los salvan de la catástrofe. Más que una experiencia real, el primer ejemplo es un cuento a menudo empleado por Paul Salkovskis, el conocido terapeuta cognitivo. Ilustra algunos de los puntos principales de la Terapia Cognitiva Conductual (TCC).

Un hombre hereda una bonita mansión de un pariente lejano. El albacea del testamento le dice: «En la última planta de la casa hay un trozo de cordel colgado del cielo raso. ¡No debe tirar de él bajo ninguna circunstancia!» El hombre, presa de la preocupación, se asegura de que la puerta de esa habitación siempre esté cerrada con llave, pero ello no impide que piense lo siguiente: «¿Y si alguien echa abajo la puerta y tira del cordel?» Así que decide levantar una barricada alrededor de la casa. Pero, por desgracia, eso tampoco evita que piense en lo que ocurriría si algún desesperado trepara por encima de la barricada y penetrara en la casa, así que contrata a varios guardianes para que patrullen el perímetro... pero aún duda de que el cordel permanezca intacto y cada hora, tanto de día como de noche, comprueba que nadie haya tocado el cordel. A esas alturas, su vida se ha vuelto muy limitada, el hombre se sume en la desesperación y ya no tiene nada que perder. Se dirige a la habitación cerrada con llave, abre la puerta y observa el cordel. ¿De verdad es algo tan peligroso? Se acerca al cordel y lo examina. Alza la vista y examina el cielo raso: no parece estar fijado a ningún objeto, pero podría estar equivocado. Lo toca con mucha suavidad, pero inmediatamente retira la mano, convencido de que algo se ha movido, aunque tal vez sólo fuera el cordel. Vuelve a tocarlo, el cordel se balancea de un lado a otro y se detiene. El hombre tira del cordel: nada. Siente una gran ansiedad y decide hacer una pausa, sin dejar de mirar el cordel. Realmente no parece conectado a nada, como si estuviera pegado al cielo raso con cola. El hombre tira del cordel, éste se despega del cielo raso y eso es lo único que ocurre. El hombre sigue esperando, pero no ocurre nada más. Entonces sale de la habitación e inicia una vida diferente. Su mansión aún está allí, y un año después tampoco ha desaparecido.

Este hombre creyó en lo que le dijo el albacea del testamento, no lo cuestionó y modificó su vida para adaptarse a las palabras del albacea. Acabó convenciéndose a sí mismo de que si tocaba el cordel, sucedería algo espantoso. Finalmente logró hacerse con el suficiente valor para inspeccionar la situación, comprobar si lo que creía era cierto y demostrar que era falso. La moraleja de este cuento es la siguiente: lo que resultó vital para su recuperación fue poner a prueba sus certezas. La meta de las secciones posteriores de este libro consiste en arrojar luz sobre las certezas que te dificultan la vida y animarte a cuestionarlas para que poco a poco logres ver el mundo de un modo menos amenazador. En el apéndice 3 figuran otros ejemplos de analogías relacionados con la ansiedad.

He aquí otros ejemplos de círculos viciosos y cómo se aplican a diversas experiencias. Son versiones sencillas de modelos desarrollados por terapeutas cognitivos como David M. Clark, Paul Salkovskis y Adrian Wells, que los han usado como guía durante una TCC destinada a resolver problemas de ansiedad. En cada ejemplo, parecería que lo que convierte una reacción normal frente al estrés en algo más grave —y que provoca conductas que empeoran la situación— son las ideas extremas. Ten en cuenta que estos ejemplos sólo serán aplicables a unos pocos: tu círculo vicioso será diferente porque estará conformado por tus propias situaciones, experiencias internas, certezas y conductas.

Un círculo vicioso de pánico

El primer ejemplo muestra cómo la sensación de opresión en el pecho —causada por la hiperventilación— puede hacer que alguien respire más rápidamente porque cree que la opresión indica que se está asfixiando, y no es así. En este caso, es un dolor muscular provocado por la hiperventilación, que a su vez provoca más dolor, etc. Y si

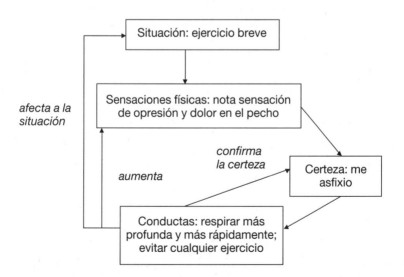

encima el individuo evita hacer gimnasia debido a estos miedos, cada vez que ha de hacer un pequeño esfuerzo físico volverá a sentir lo mismo, algo que no ocurriría si hiciera ejercicio con regularidad.

Un círculo vicioso de ansiedad social

En este ejemplo, la persona evita mirar a otros porque cree que se burlarán de ella por estar nerviosa y en cambio se centra en sí misma y sus sensaciones corporales, tratando de controlarlas. Ello tiene diversos efectos: en primer lugar, se convence de que el motivo por el cual los demás no la rechazan se debe a que esta vez logró disimular su ansiedad. Pero ¿y la próxima vez? En segundo lugar, algunas de estas conductas de seguridad hacen que se sienta más ansiosa, por ejemplo: al centrarse en su propio cuerpo en vez de contemplar a los demás hace que esa sen-

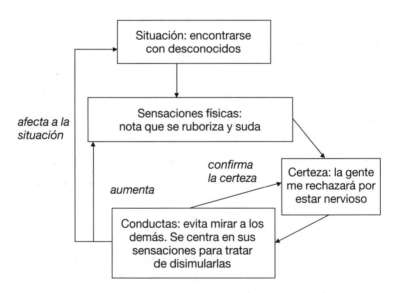

sación sea mucho más evidente. Está convencida de que los demás notan su ansiedad y que la juzgan debido a ella. En tercer lugar, al evitar mirar a los ojos y esforzarse por disimular la ansiedad, hace que la situación se vuelva más difícil puesto que no conecta con los demás y no se centra en el tema de la conversación.

Un círculo obsesivo-compulsivo

En el tercer ejemplo, una persona sufre una idea invasora mientras sostiene el bebé de un amigo en brazos: piensa que podría arrojarlo al suelo y hacerle daño. Cree firmemente que se trata de una idea inaceptable y que indica que es una persona malvada, así que procura reprimirla de cualquier manera, en este ejemplo contando hasta veinte y evitando este tipo de situación en el futuro. Al hacerlo así cada vez que surge esa idea acaba por creer que si no cuenta,

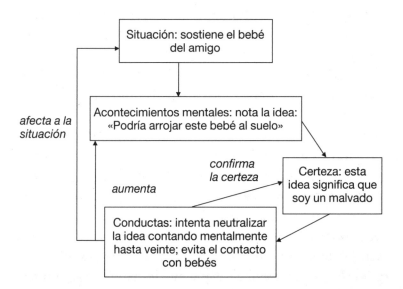

puede que arroje el bebé al suelo. Es más: a largo plazo, esta
conducta consistente en contar no funciona y la idea vuelve a surgir. Evitar estas situaciones hace que uno pierda la
práctica hasta tal punto que cualquier situación que invo-
lucra a un bebé o un niño provoca esas ideas. Una vez más,
la clave de este círculo es la certeza y la conducta de seguridad. Si poco a poco la persona logra abandonar las conductas de seguridad y poner a prueba la certeza amenazadora,
el círculo empezará a romperse.

Zafarse del círculo vicioso

En cada uno de los ejemplos anteriores, la clave consiste en aprender a aceptar y comprender la sensación física o el acontecimiento mental como una reacción normal que cualquiera podría experimentar. El apéndice 1
proporciona explicaciones normales para muchas de estas experiencias. Sin embargo, para aceptar estas explicaciones normales debemos empezar a abandonar nuestros
hábitos, nuestra manera acostumbrada de pensar acerca
de estas experiencias y de reaccionar frente a ellas. Un aspecto clave del círculo es que creemos que algo es verdad
porque nuestras propias experiencias —y lo que nos han
dicho— nos proporcionan indicios. Así que una parte importante de este libro consiste en ayudarte a identificar tus
certezas y a evaluar los indicios. Por ejemplo, quizás alguien piense: «Me desmayaré en el supermercado» y el
indicio es una sensación de debilidad en las piernas. También podría tener en cuenta otras opciones, como «Me
sentiré débil durante unos momentos y después me recu-
peraré» o «Es improbable que me desmaye», pues nunca

se ha desmayado en el supermercado y ha sentido debilidad en las piernas estando en casa y no se ha desmayado. Como ya he mencionado, aprender a enfrentarse a los temores no es tan sencillo como sugiere este ejemplo: ¡ésta es sólo una de las técnicas posibles!

Si queremos poder cuestionar nuestras certezas necesitamos tiempo para hacer una pausa y reflexionar. En qué centramos nuestra atención puede ser un aspecto muy importante. Si consideramos las cosas en las que no solemos centrarnos, nuestra perspectiva se ampliará y dispondremos de más opciones. En el capítulo 7 presentaré el plan en diez pasos que te ofrecerá un modo diferente de enfrentarte a una situación que temes, incluso centrará tu atención en las maneras que te ayudarán a zafarte del círculo vicioso. Con el tiempo, podrás ponerlo en práctica más a menudo, empezando por enfrentarte a situaciones menos angustiantes y después a otras que supongan un desafío mayor.

Un ejemplo de cómo Janet se enfrentó a su temor

Compré un billete de barco a Irlanda porque me parecía más sencillo que ir en avión, pero el corazón me latía apresuradamente. Tenía que regresar en avión porque los barcos no zarpaban. Al llegar al aeropuerto me dio un ataque de pánico, pero me dije que el miedo no me vencería. Subí al avión, corrí hasta mi asiento y cuando los motores arrancaron me sentí fatal, pero cuando el avión despegó, me embargó una extraña excitación. La pasajera de al lado dijo: «¡Aborrezco este momento!» cuando las ruedas del avión se elevaron, y acabé diciéndole que no se preocupara. Una vez que el avión aterrizó y recorrí el aeropuerto con mi maleta, sentí que había logrado lo imposible y me sentí

genial. Al recordar esa sensación, era como si ese sentimiento de seguridad en mí misma fuera mi recompensa por
haber sido valiente y haberme enfrentado a mis temores.

A continuación aparece un círculo vicioso con recua-
dros en blanco, para que tú los rellenes con lo que sientes
durante una situación que te angustia. Puede que te resulte fácil hacerlo ahora mismo, o tal vez lo comprendas mejor cuando hayas leído un poco más.

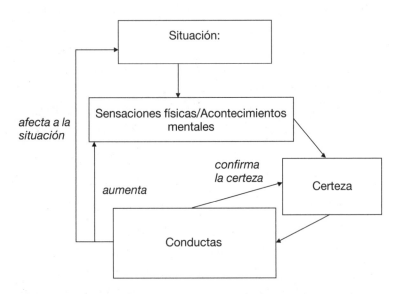

¿Un círculo «virtuoso»?

Cuando las personas empiezan a zafarse de sus círculos viciosos pensando y actuando de un modo distinto,
pueden empezar a desarrollar un círculo virtuoso de recuperación. De hecho, pasan bastante tiempo yendo de un

círculo vicioso a uno virtuoso, pero cada vez que penetran en uno virtuoso su capacidad de enfrentarse a los problemas aumenta. Los diagramas de las siguientes páginas indican cómo funcionan los círculos virtuosos, y te ayudarán a aprender a tolerar tus experiencias, modificar tus pensamientos y conductas, enfrentarte mejor a tu ansiedad y aumentar tu confianza en ti mismo. En cada caso, las certezas y las conductas son diferentes de los círculos viciosos, pero las situaciones, las sensaciones físicas y los acontecimientos mentales son los mismos. A menudo las nuevas conductas suponen abandonar las conductas de seguridad que formaban el círculo vicioso, y por lo tanto suponen enfrentarte a ciertas ansiedades en vez de tratar de reprimirlas. Este nuevo enfoque gradualmente te ayudará a descubrir indicios que confirmen la existencia de certezas alternativas acerca de las mismas sensaciones físicas y acontecimientos mentales, y con el tiempo te permitirá hacer frente a situaciones que supongan un desafío mayor.

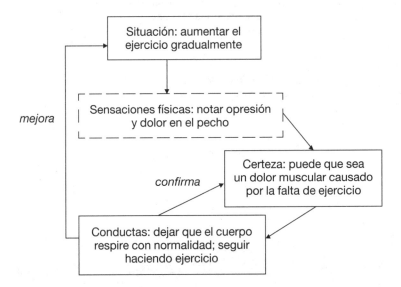

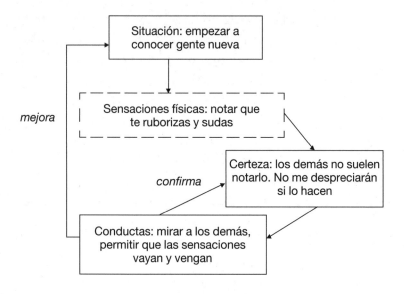

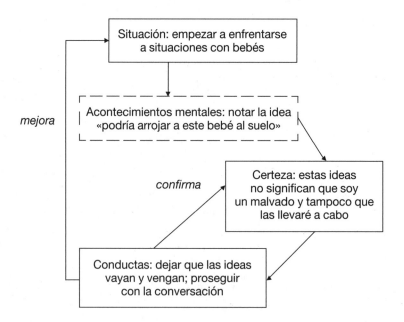

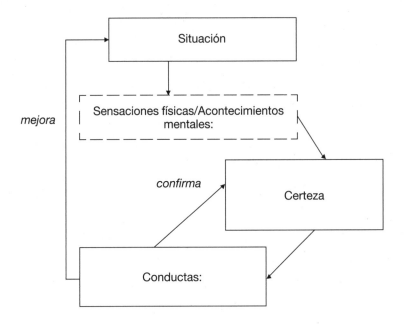

Puntos clave

- De vez en cuando, todo el mundo tiene ideas y sentimientos inusuales, y también se le ocurren imágenes curiosas que parecen surgir de pronto.
- Algunos se centran en estas experiencias y albergan certezas preocupantes al respecto, mientras que otros logran hacer caso omiso de ellas. Cuando las personas albergan certezas extremas acerca de sus experiencias, tienden a reaccionar de un modo que puede empeorar la situación.
- El círculo vicioso formado por acontecimientos mentales, certezas y conductas amenazantes podría explicar por qué algunas personas siguen sufriendo problemas de ansiedad.

- Al prestar atención a aquello en lo que no solemos centrarnos obtendremos una perspectiva más amplia y empezaremos a cuestionar algunas de nuestras ideas.
- Uno puede aprender a zafarse de un círculo vicioso centrándose en diferentes cosas del entorno, considerando otros motivos que expliquen las experiencias y probando nuevas maneras de hacer frente a los problemas.
- Un círculo virtuoso consiste en determinar qué te ayuda a enfrentarte mejor a tus problemas.

6

Prepararse para el cambio

Estar dispuesto a aceptar que eres responsable de tu propia vida supone la fuente de la que brota el respeto por ti mismo.

JOAN DIDION

Antes de presentar el programa cuya meta es prepararte para cambiar, he de decir algo sobre el cambio y cómo saber cuándo estás preparado. A lo mejor ya has empezado a considerar las ideas presentadas en este libro y a pensar en cambiar, pero también puede que la idea de cambiar te siga pareciendo una posibilidad remota. El ritmo con el que las personas aprenden a enfrentarse a sus temores varía mucho de una a otra y hasta cierto punto, a todas les cuesta cambiar. A menudo regresamos a nuestra manera de pensar y a nuestra conducta anterior porque las experiencias que nos angustian tienden a provocar una reacción inmediata y habitual que supone un intento instantáneo de ponernos a salvo. Este libro pretende proporcionarte un espacio para tomártelo con calma e intentar algo diferente.

El temor al cambio

Cambiar puede resultar muy aterrador. Mantener el statu quo proporciona sensación de seguridad, hasta cierto punto real. «Atenerse a lo conocido» es una buena regla general. Tal vez hayas decidido que, de momento, incluso un pequeño cambio es demasiado para ti, pero vale la pena que consideres un cambio muy pequeño que estarías dispuesto a aceptar. Cambiar forma parte de la vida: nuestros cuerpos cambian, los demás cambian, nuevas personas se incorporan a nuestra vida y otras a veces nos dejan. Todos nos enfrentamos a pequeños cambios y a menudo no lo notamos. Con frecuencia, cambiar supone aprender y adquirir fuerza. ¿Eres capaz de aceptar un pequeño cambio y pensar que algunas de tus experiencias angustiosas podrían ser normales? ¿De soportar la ansiedad durante unos segundos más antes de tratar de controlarla?

Para algunos, la idea de cambiar puede parecer aterradora; sin embargo, quizá merezca la pena sopesar los cambios que podrías hacer como resultado de aprender a enfrentarte mejor a tus miedos y compararlos con los cambios que ya has hecho. Muchas personas con problemas de ansiedad han llevado a cabo numerosos cambios para adaptarse a sus temores: adónde viajan, a quién ven, dónde hacen las compras, en qué trabajan y otros aspectos de su vida, así que en realidad, cambiar no es una novedad y optar por un cambio que quieres hacer pese a tu ansiedad parecerá menos amenazador si piensas en esos cambios anteriores que tal vez ya has realizado. Si estás dispuesto, esta vez podría significar una oportunidad de recuperar parte de tu vida.

Nadie puede obligarte a cambiar, y si otros lo intentan a menudo se equivocan porque no te conocen tan bien como te conoces tú. Quien conoce tus ideas, tus sentimientos y tus recuerdos eres tú. Por consiguiente, el mejor momento para cambiar es cuando tú estés preparado, y no antes. En esta guía, intentaré proporcionarte una información que podrás usar y llevar a la práctica y que te ayudará a encontrarte mejor cuando decidas hacerlo.

Algunos creen que quienes sufren temores y fobias no están bastante motivados para superarlos. Es un modo muy simplista de considerar la mente humana, porque en realidad las personas experimentan algo muy diferente. Quienes sufren temores y fobias pueden estar sumamente motivados para superarlos y al mismo tiempo la idea de enfrentarse a ellos los aterra. De hecho, a veces se diría que estar muy motivado —o impulsado a realizar cambios— aumenta la ansiedad. ¿Por qué?

A lo largo de este libro, hemos visto que la ansiedad está causada por la explicación que dan las personas a sus experiencias, no por la falta de esfuerzo por superarla. En realidad, muchos suelen hacer lo indecible por evitar aquello que temen, así que han de estar motivados para hacerlo. Sin embargo, hemos visto que esforzarse en exceso puede empeorar las cosas, y hacer que las personas se critiquen a sí mismas por no eliminar su angustia o no lograr lo que habían planeado. El enfoque de este libro se basa en la idea de que los individuos ya han entrado en conflicto con lo que quieren hacer y lo que temen que pueda ocurrir. La explicación sencilla de que uno no está suficientemente motivado no es pertinente, así que tal vez cambiar no suponga un gran esfuerzo sino un modo diferente de ver y hacer las cosas.

Una manera de empezar a considerar si estás preparado para cambiar es tener en cuenta las ventajas y las desventajas que supone enfrentarte a tus temores. La tabla 6.1 servirá para que apuntes tus ideas. Es importante que pienses en lo que es bueno para ti y no en lo que los demás creen que has de hacer. ¿Qué te gustaría hacer si aprendieras a enfrentarte mejor a tu ansiedad? A lo mejor te gustaría hacer algunas cosas que ahora te resultan difíciles, como ir de compras, desplazarte en transporte público, asistir a una fiesta, encontrarte con personas a las que no ves desde hace tiempo o desarrollar nuevos talentos y aficiones.

Después, reflexiona sobre lo que te impide empezar a enfrentarte a tus temores. ¿Qué crees que debería suceder para que aprendas a enfrentarte mejor a tu ansiedad? ¿Tendrías que dedicarle tiempo a otras cosas? ¿Tendrías que dejar de hacer algo que durante años pareció resultarte útil? ¿Qué crees que ocurriría si lograras enfrentarte mejor a tus fobias? ¿Podrías perder algo que ya has logrado? Cambiar, ¿significa algo específico para ti, algo que temes o que te preocupa?

Claro que a mí, como autor de este libro, me resulta difícil imaginar cuáles pueden ser tus inquietudes sumamente personales acerca del cambio. No obstante, según mi experiencia, la mayoría tiene dichas inquietudes, además de motivos para querer cambiar. Las personas adolecen de certezas contradictorias, eso es lo normal. Me gusta el chocolate, pero si como demasiado me salen granos. Quiero irme de vacaciones pero me preocupa dejar de trabajar. Todos sufrimos conflictos, y hacer un esfuerzo mayor no es la manera de solucionarlos. Solucionarlos supone aceptar el conflicto y luego comprenderlo, y sólo después se te ocurrirá una posible solución, e incluso entonces no habrás acabado con ellos, porque en el futuro surgirán nuevos conflictos. La vida de las personas es compleja y esta rica experiencia forma parte del hecho de ser humano.

Tabla 6.1   Ventajas y desventajas del cambio

¿Qué ganaría aprendiendo a enfrentarme mejor a mi ansiedad?	¿Cuáles podrían ser las desventajas de aprender a enfrentarme mejor a mi ansiedad?
1.	1.
2.	2.
3.	3.
4.	4.
5.	5.

Certezas contradictorias acerca del cambio - Paul

Cuando empecé la terapia sentí que tenía que cambiar. Hacía muchas cosas para estar a salvo: evitaba los grupos de muchachos, sólo salía cuando todo estaba tranquilo, llevaba una chaqueta holgada y nunca miraba fijamente a nadie. Creía que esas medidas me ponían a salvo, pero también convertían mi vida en un infierno. Mi terapeuta me habló de «abandonar mi conducta de seguridad», pero eso suponía un paso de gigante para mí. Hacía años que yo era así y a veces hablar de ello me abrumaba. Empecé a cambiar cuando fui de tiendas con mi terapeuta. Corrimos riesgos: miramos a la gente a los ojos, entramos en lugares concurridos... En cierta ocasión se nos acercó un hombre fornido y yo creí que me atacaría, ¡pero sólo me pidió que le indicara el camino! Durante estas excursiones, a veces la ansiedad me resultaba insoportable y quería tirar la toalla, pero con el tiempo aprendí a enfrentarme a esas sensaciones y descubrí que mi barrio no era tan peligroso como había creído. Ahora puedo ir de compras cuando quiero, pero sigo teniendo ganas de mudarme porque no me siento completamente seguro en el barrio.

Cada pequeño paso es un avance

En algún momento, es probable que decidas hacer un cambio. Podrías intentar hacer un cambio grande o uno pequeño, eso depende de ti, pero cuanto mayor sea el cambio, tanto más probable será que cometas un error o sufras un revés. Por otra parte, si el cambio es muy pequeño, puede que no te satisfaga. Por lo visto, cualquiera de las dos opciones supone el riesgo de maltratarte a ti mismo, así que has de estar preparado. Si cambias gradualmente, has de prepararte para notar y reconocer los pequeños progresos y elogiarte a ti mismo. Si los cambios son mayores, has de estar preparado porque quizá no todo salga a pedir de boca y sufras un revés. Claro que eso puede afectarte, pero procura no darle demasiada importancia. Cada vez que te equivoques recordarás lo que ocurrió y eso te servirá para hacer las cosas de un modo diferente la próxima vez. Incluso puede que haya una sección en este libro que resulte pertinente a tu revés. El mensaje importante es el siguiente: cambies al ritmo que cambies, a largo plazo es más probable que progreses si te tratas con consideración y reconoces tus logros.

Ejemplo personal de dar pasos pequeños - Paul

Me enfrenté al recuerdo de la agresión sufrida poco a poco. Empecé por hablar de lo ocurrido con mi terapeuta, y aprecié muchísimo que me escuchara atentamente. Después hablé de ello con mi amigo y me sorprendí al comprobar que también me escuchaba con atención y que no desechaba mis temores. Seguía habiendo cosas que ocurrieron antes de la agresión que me afectaban demasiado para hablar de ellas, así que no lo hice hasta poder confiar en las personas. El paso siguiente fue regresar al lugar donde sufrí la agresión. Fue un paso de gigante y creo que sólo lo logré porque antes me había enfrentado a mis recuerdos y había hablado de ellos. Regresar a ese escenario me sirvió para reconstruir lo ocurrido. Antes estaba convencido de que yo era el culpable por lo que le había dicho en voz baja al muchacho borracho antes de que éste me atacara. Pero entonces comprendí que no podía haberme oído: estaba demasiado lejos, así que no era culpa mía. Eso me ayudó mucho. Ahora quiero ir al *pub* y el plan es ir a una hora tranquila; tal vez en el futuro iré al *pub* del barrio por la noche, cuando esté concurrido, y tomaré una copa con mi amigo.

Puntos clave

- Tener miedo al cambio es normal.
- Quienes sufren temores y fobias pueden estar sumamente motivados para superar sus temores y al mismo tiempo sentir terror de enfrentarse a ellos.
- A menudo, cambiar supone aprender y adquirir fuerza.
- Cada pequeño paso es un avance.
- Quien está en mejores condiciones de saber cuándo cambiar eres tú.

7

Desarrollar tu propio programa para enfrentarte a tus problemas

Toda la vida es un experimento. Cuanto más experimentes, tanto mejor.

RALPH WALDO EMERSON

Cada vez que realmente te enfrentas al miedo, adquieres más fuerza, valor y confianza.

ELEANOR ROOSEVELT

No es necesario que veas toda la escalera, limítate a remontar el primer escalón.

MARTIN LUTHER KING JR

Este capítulo proporciona un plan en diez pasos para enfrentarse a los temores y las fobias. Consiste en aunar todo lo que has leído en los capítulos anteriores, así que quizá sería bueno que volvieras a leerlos. Describiré cada fase en el texto y después podrás fotocopiar o bajarte la tabla, que te servirá de plantilla para cada situación a la que te enfrentes. Procura rellenar la plantilla paso a paso. El plan en diez pasos está diseñado para cada fase de tu progreso: cada una de estas fases supone un paso para enfrentarte mejor a tus temores. En el apéndice 3 figura una tabla para que registres cada una de las metas que intentas alcanzar mediante un plan en diez pasos y lo que has aprendido al intentarlo.

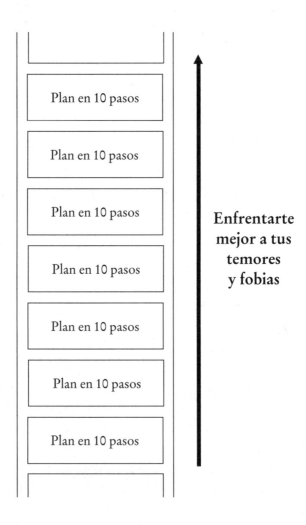

El plan en diez pasos

¿Por qué podría serte útil este plan? Un plan cuya explicación sólo ocupa unas pocas páginas quizá parezca demasiado sencillo para enfrentarse a problemas complejos. ¿Cuáles son los motivos para considerar que funcionará? El primero es que lo que se emplea para resolver problemas en el mundo exterior casi siempre son métodos sencillos y sistemáticos, como desenredar un ovillo de lana a razón de una vuelta cada vez o navegar mediante una brújula, así que quizás éstos también sirvan para resolver complejos problemas psicológicos. El segundo es que el plan está diseñado para ayudarte a poner en práctica lo que has leído en los capítulos anteriores, así que no sólo supone una ayuda sino que te lleva a recurrir a lo que has leído y comprobar si funciona. El tercero es que está diseñado ajustándose al máximo al modo en el que los psicólogos trabajan para ayudar a las personas a enfrentarse a su ansiedad durante la terapia... y se ha demostrado que dichos métodos funcionan. El cuarto y último motivo es que el plan encaja con teorías mucho más amplias sobre la conducta humana y si éstas despertaran tu interés, podrás leer más al respecto en algunos de los libros que figuran en el apéndice 5. Claro que no está garantizado que funcione para ti, pero ¿qué pierdes intentándolo?

1. Elegir una situación a la cual enfrentarte

Puede que el primer paso que hayas de dar para empezar a enfrentarte a tus temores deba ser pequeño. Cada vez que creemos que nos enfrentamos a un nuevo peligro, nuestro cuerpo libera adrenalina, pero si nos centramos en el mismo durante un rato y no se presentan otras amenazas, el cuerpo no libera más adrenalina; ésta se descompondrá en unos minutos y la sensación de angustia se disipará gradualmente. El cuerpo requiere tiempo para hacerlo, y es necesario que la persona se enfrente a un temor no demasiado intenso en el que pueda centrarse, no en algo tan aterrador que empiece a preocuparse aún más e intente huir. Éste es uno de los motivos por los cuales el programa está dividido en pasos pequeños y alcanzables.

Es una buena idea que el primer paso que des sea uno al que hayas intentado enfrentarte antes y que sea mucho menos amenazador que algunas de las situaciones aterradoras en las que te has encontrado. Esta vez optarás por enfrentarte a la situación. Abajo aparecen algunos ejemplos de situaciones elegidas por las personas cuando empezaban a aprender a enfrentarse a sus temores. Tal vez una de éstas encaje contigo:

- Intentar afrontar una situación que a veces te angustia pero a la que ya has intentado enfrentarte. Quizá suponga afrontar una situación en presencia de otros o salir de tu «zona de seguridad» durante un rato.
- Notar una sensación corporal (por ejemplo, un dolor) que normalmente procuras evitar o en la que sueles pensar, pero no centrarte ni percibirla durante más de unos minutos.
- Contemplar un dibujo de algo que te da miedo.
- Contemplar una foto de algo que te da miedo. Algunas fotos provocan más angustia que otras. Empieza por una que no te aterre demasiado.

Al planificar la situación a la que te enfrentarás, trata de ser lo más específico posible para saber exactamente cuál es tu objetivo. Sobre todo has de saber dónde te encontrarás, cuándo piensas hacerlo y durante cuánto tiempo lo harás. Es muy útil planificar cuánto tiempo le dedicarás a la situación, porque así será más fácil que te zafes de ella cuando hayas decidido hacerlo y no por cómo te sientes en ese momento. Aunque sientas que podrías permanecer en una situación durante más tiempo, sal de ella según lo planeado, porque así habrás logrado dar el primer paso. Puedes hacer una pausa, sentirte complacido contigo mismo y dejar el paso siguiente para otra oportunidad. Si caes en la tentación de permanecer en una situación durante más tiempo de lo planeado, podrías estar pensando lo siguiente: «No me he esforzado lo suficiente» o «Debo esforzarme más» y eso es innecesario. Bastará con que alcances tu objetivo. Así podrás empezar a elegir basándote en lo que has decidido y no en lo que sientes en ese momento. Limitar el tiempo que permaneces en una situación supone otro aspecto positivo: podrás empezar por períodos breves (como permanecer en un lugar público donde sientes angustia durante sólo un minuto). La próxima vez, cuando estés preparado, intenta permanecer durante dos minutos.

Recuerda que lo primero a lo que te enfrentas puede ser nimio; bastará con que sea algo que creas que puedes manejar. Por ejemplo: para algunos, una foto de algo que les da miedo puede resultar demasiado perturbadora, así que será mejor empezar por un dibujo, una historieta o incluso la palabra que lo designa.

Es útil que midas tu ansiedad durante la situación porque te servirá para comprobar que ésta cambia en segundos o minutos y también que se modifica frente a la misma situación a lo largo de los días, semanas y meses. La tabla incluye una escala del 0 al 10 en la que el 0 corresponde a «un mínimo de ansiedad» y el 10 a «pánico extremo». Para la mayoría resulta útil fijarse una meta que suponga un nivel de ansiedad tolerable pero que no deje de ser un desafío, así que como regla general intenta alcanzar un punto entre el 2 y el 7. Has de recordar que el objetivo de exponerte a esa situación no consiste en reducir tu ansiedad —aunque eso también podría ocurrir—, el objetivo es permanecer en la situación a pesar de la angustia que te causa. Es probable que en un nivel entre 2 y 7 de la escala, la ansiedad siga siendo un desafío pero no llegue a abrumarte.

2. Sensaciones físicas y acontecimientos mentales

Como ya he mencionado en capítulos anteriores, es muy importante tomar nota de que a menudo lo que te asusta no pertenece al mundo externo sino que se trata de la experiencia que esa cosa externa provoca en la mente y el cuerpo. A veces esos acontecimientos pueden surgir de manera repentina y llamarte la atención, así que es mejor estar preparado de antemano e incluir esas sensaciones físicas y acontecimientos mentales en tu programa. Si crees que la situación a la que te enfrentas provocará sensaciones físicas y acontecimientos mentales, apúntalos. Para empezar, te aclarará a qué te enfrentas al dar el primer paso: no sólo a la experiencia en sí misma sino a lo que provoca en tu interior. Por eso es muy importante que empieces por dar un pequeño paso que te resulte familiar, pero esta vez te enfrentarás a la situación de un modo diferente porque sabrás que también estará acompañada de esas sensaciones físicas y esos acontecimientos mentales. Éstos son algunos ejemplos:

- Una sensación física, un malestar o un dolor corporal.
- Ideas que te vienen a la cabeza que normalmente procuras reprimir.
- Recuerdos que normalmente tratas de olvidar.
- Imágenes que te vienen a la cabeza.
- El impulso de hacer o decir cosas que te resultan inaceptables.
- Cosas que tú oyes pero los demás no.

Más que algo que decides hacer adrede, como intentar distraerte, todas estas son ideas o sensaciones repentinas que no controlas. Si sufres estas experiencias cuando te sitúas en una situación temida, apúntalas y descríbelas en detalle para que después, cuando releas lo apuntado, te resulten familiares. Recuerda que se trata de que optes por enfrentarte a esas sensaciones físicas y esos acontecimientos mentales en vez de dejar que te absorban o tratar de evitarlos, así que si consideras que de momento se trata de un paso demasiado importante, retrocede y piensa en una situación diferente, una que provoque sensaciones y acontecimientos mentales menos aterradores. Que los demás consideren que la situación es poco importante o inofensiva da igual, porque el único que sabe lo que provoca en tu interior eres tú, y también cuál podría ser el primer paso posible.

3. Apunta tus certezas sobre lo que consideras una «amenaza extrema»

Este paso te ayudará a expresar lo que realmente te asusta. Supone apuntar lo que crees que podría ocurrir al enfrentarte a la situación, junto con las sensaciones físicas y los acontecimientos mentales que provoca. Intentas identificar lo que «más temes que podría pasar». La capacidad de expresar lo que realmente se teme que ocurra varía muchísimo de una persona a otra. Una diferencia parece ser la disposición a admitir que se siente ese temor, porque parece irracional o extraño cuando se les cuenta a los demás e incluso cuando se lo dice uno a sí mismo. Uno de los aspectos positivos de usar una guía de autoayuda es que no necesitas contárselo a nadie. He aquí algunos apuntes que tal vez te ayuden a identificar tu peor temor:

- ¿Qué es lo peor que crees que podría ocurrir si te enfrentaras a la situación? ¿O si no lograras huir?
- ¿Qué es lo peor que podría ocurrir si te enfrentaras a las angustiosas sensaciones físicas y acontecimientos mentales que sufres durante la situación?
- Intenta imaginar que te sitúas en esa situación. ¿Qué es lo primero que te preocupa?
- ¿Tienes una imagen mental de lo que podría ocurrirte?
- ¿Temes someterte a algo sumamente angustioso, algo que ya te ha ocurrido con anterioridad o que le ocurrió a alguien próximo a ti?
- ¿Cómo sería?
- ¿Cómo sabrías si iba a ocurrir?

La idea consiste en expresar una predicción que suponga una auténtica amenaza extrema. Me imagino que tu certeza sería equivalente al temor que sientes en esa situación. Si en esa situación otro creyera lo mismo que tú, ¿sentiría la misma angustia? Si la respuesta es afirmativa quizás hayas descubierto aquello que más temes. Si la respuesta es negativa, puede que no lo hayas expresado correctamente. Por ejemplo: si me embarcara en un avión a reacción, quizá tema no poder enfrentarme a la ansiedad que me provoca, pero ¿qué significa «no enfrentarme»? En realidad, cuando de verdad me imagino montando en ese avión tengo una imagen mental de mí mismo perdiendo el control y siendo refrenado por los otros pasajeros, que después me rechazan y me evitan. Éste es el guión de lo peor que podría pasarme, al que llego apretando el botón del «avance rápido», y albergo una imagen mental vívida de la situación y eso es lo que realmente creo que podría ocurrir. Ahora puedo empezar a comprender por qué me pongo ansioso en los aviones. Claro que los guiones cambian de una persona a otra: lo que más temes será diferente a lo que yo más temo y dependerá de tus experiencias anteriores y lo que te sucede en el presente.

Las preguntas deberían ayudarte a identificar lo que tú crees que es lo peor que podría ocurrir. La siguiente fase consiste en puntuar tu certeza al respecto. Puede que creas que es muy improbable que ocurra al dar el primer paso que has elegido. Sin embargo, si crees que es muy improbable, eso supone un avance: por primera vez podrás comprobar si es cierto en vez de comportarte como si realmente lo fuera. La tabla incluye una sección para anotar la «puntuación del porcentaje de certeza»: si estuvieras convencido, sería de un cien por cien, y de un cincuenta por ciento si creyeras que la posibilidad de que ocurra es la misma que la de que al tirar una moneda te salga «cara». Una puntuación de 0 queda reservada para cuando estás seguro de que lo que más temes jamás ocurrirá.

4. Otras certezas menos amenazadoras

He aquí la oportunidad de apuntar lo que te gustaría creer y cómo te gustaría que se desarrollara la situación. En esta situación, ¿qué creería que podría ocurrir alguien que no tiene miedo? No es necesario que estas otras certezas sean realmente positivas, bastará con que reflejen algo malo que no ocurre y quizás algo bueno que ocurre en vez de lo malo. Algunos ejemplos:

- Puedo enfrentarme a mis sensaciones.
- La situación no es dañina ni peligrosa.
- Logré superarla.
- Logré alcanzar una meta que hace tiempo quería alcanzar.
- La reacción de los demás frente a mí es positiva.

Tal vez se te ocurran otros ejemplos al leer las explicaciones del apéndice 1 y las afirmaciones autotranquilizadoras del capítulo 3.

5. Prepararte para enfrentarte a la situación

En realidad, sólo has de prepararte para la situación para asegurarte de que puedes enfocarla como has planeado. Planearlo es importante, porque te ayuda a controlar lo que harás cuando te enfrentes a la situación. Una manera de asegurarte de que la controlarás es planear lo que harás al enfrentarte y concederte unos minutos para releer lo que has apuntado bajo los puntos 1-4 de tu plan. El apéndice 3 proporciona algunas analogías que tal vez te ayuden a imaginar cómo te enfrentarás a la situación, y también a hacer lo que has apuntado y estar preparado para ello. Puede que las cosas no salgan exactamente como lo planeaste, pero nos ocuparemos de ello más adelante. Ahora que estás preparado, ha llegado el momento de dar el primer paso.

6. Enfrentarte a la situación

Ahora pones en práctica tu plan. He aquí algunas cosas que debes vigilar:

- *Evitarlo en el último momento.* Quizá quieras evitar hacerlo en el último minuto: a lo mejor has puesto el listón demasiado alto. Recuerda que eres tú quien decide cuál será tu primer paso. ¿Quieres evitarlo debido a la ansiedad? Si es así, éste es el momento de hacerle frente y centrarte en lo que sientes corporalmente. ¿Qué sientes ahora? ¿Quieres que tus sensaciones determinen lo que harás o quieres atenerte a lo que has planeado?

- *Cambiar de objetivo.* Cuando estás metido en la situación, cambiar de objetivo puede ser tentador. Por ejemplo: si planeaste contemplar la imagen de una araña durante cinco segundos y lo has logrado, detente en ese punto. Elógiate, relájate y haz una pausa. No trates de contemplar la imagen durante más tiempo de lo planeado. No hay prisa. Sin embargo, si te resulta demasiado difícil alcanzar tu objetivo no pasa nada si lo postergas. Podrías encontrar otro más fácil de alcanzar en este momento.

- *Distraer la atención.* ¿Te distraes y prestas atención a tus ideas en vez de centrarte en el momento? Como ya he mencionado en los capítulos anteriores, un aspecto clave de enfrentar tus temores consiste en enfrentarlos de verdad, y eso supone centrarte en lo que temes y en las sensaciones que te provocan su tacto, su aspecto o el sonido que produce. Intenta centrarte en el momento. Si te enfrentas a un perro, ¿realmente te centras en el perro, lo miras y ves sus ojos, su nariz, su piel y sus dientes? Tal vez algunas partes del cuerpo del perro te resulten más amenazadoras. No importa. Quizá te lleve más tiempo aprender a enfrentarte a ellas. Si te centras en tu ansiedad, ¿de veras te centras en ella, en ese hormigueo, esa tensión en el estómago o los miembros? Si es así, estupendo, estás aprendiendo a enfrentarte. De lo contrario, si estás pensando en otra cosa entonces quizá no te estés centrando en la sensación física provocada por la ansiedad. No importa, vuelve a centrarte en tus sensaciones corporales y observa qué pasa.

- *Intentar controlar las sensaciones.* Tratar de reprimir las sensaciones físicas de angustia puede ser tentador, pero el plan consiste en tratar de hacerles frente. Por ejemplo: la ansiedad puede parecer una ola. Imagina que te encuentras en un bote en un lago poco profundo. Si una ola se aproxima no puedes detenerla ni controlarla: has de aceptar que se acerca y sobrellevarla, flotar y dejar que pase.

- *Picos de ansiedad y otros acontecimientos mentales.* A veces la ansiedad puede alcanzar un pico que no esperabas. Cuando la ansiedad resulta abrumadora, intenta apartar de la mente las ideas preocupantes y céntrate en el entorno. Esto puede ayudarte a volver a «conectarte a tierra». Algunos lo logran mediante un objeto, como una pelota de goma blanda que puedes apretar con la mano. Pero no olvides que se trata de una estrategia para enfrentarte a picos de ansiedad inesperados y que no deberías necesitar en casos de ansiedad menos aguda. No elimina la ansiedad, pero te permite volver a centrarte en el mundo exterior. También puedes echar mano de esta técnica si sientes un dolor repentino que atrapa tu atención. Puedes conectarte a tierra mediante un objeto del mundo externo durante unos minutos y después volver a centrarte en la sensación cuando estés preparado. Quizá descubras que optar por centrarte en esas sensaciones a tu ritmo supone una experiencia muy diferente. Al elegir en qué te centras empiezas a controlar la ansiedad en vez de que ésta te controle a ti. Evidentemente, no creo que pienses que siempre has de apretar una pelota para sentirte a salvo: sólo es algo que puedes intentar que tal vez te ayude a enfrentarte a sensaciones físicas abrumadoras y cuyo uso irás reduciendo con el tiempo. En la sección dedicada a la BRC (capítulo 3) figuran más detalles acerca de cómo centrar la atención.

¡Te deseo buena suerte al poner en práctica tu programa! Recuerda que si no resulta como lo planeaste, podrás ocuparte de ello en la siguiente fase.

7. Experiencias no previstas

Sea cual sea tu nivel de preparación, es poco habitual que enfrentarte a tus temores salga como lo planeaste. A lo mejor la situación no resultó tal como esperabas o experimentaste sensaciones físicas y acontecimientos mentales no previstos e hiciste cosas que no habías planeado hacer. Si apuntas estos imprevistos tendrás la oportunidad de tratar de comprender este tipo de situaciones en el futuro. También te ayudará a elegir una situación más idónea para la próxima vez. A veces, lo inesperado puede ser positivo, por ejemplo podrías descubrir que otros reaccionaron mejor de lo que creíste o que hiciste algo que te resultó útil, aunque en otros momentos lo imprevisto puede parecer un revés.

Si la situación resultó peor de lo previsto, merece la pena que te preguntes si hiciste algo que la modificara. A veces ocurre. Por ejemplo, si estabas hiperventilando, eso pudo provocarte sensaciones inusuales. También pudiste haber hecho algo que creíste que te mantendría a salvo pero que tal vez modificó la situación. Por ejemplo: alguien con aracnofobia cuya meta era tocar un tarro que albergaba una araña inmóvil. Trató de tocarla mediante un rápido movimiento, pero agitó el tarro y la araña se movió, y entonces se enfrentó a una araña en movimiento, una situación mucho más amenazadora. En el capítulo anterior figuran otros ejemplos de este tipo de problema que genera círculos viciosos. Es muy comprensible que las personas reaccionen de esta manera. Lo importante es percatarse de estas diferencias y admitir que la situación no era la esperada. A lo mejor te sirve para aprender algo.

8. ¿Qué ocurrió?

En este apartado de la tabla has de apuntar lo que realmente ocurrió. El objetivo consiste en apuntar exactamente qué ocurrió y no lo que pensaste al respecto. ¿Qué hiciste? ¿Qué viste y oíste? ¿Qué pasó con tu ansiedad? Si describieras la situación como si fuera la escena de una película, ¿dónde situarías a los actores y qué les dirías que hagan y digan? La clave está en el detalle.

9. Volver a revisar tus predicciones

Ahora puedes retomar tus predicciones y tus certezas. ¿Ocurrió lo peor que creíste que podía ocurrir? ¿Pasó algo que confirmara que tu certeza con respecto a un peligro extremo era verdad? ¿Ocurrió algo que tal vez indique que tus otras certezas podrían ser ciertas? Vuelve a las secciones 3 y 4 y vuelve a puntuarlas. En este punto puedes anotar lo que crees que la experiencia te ha enseñado. Has descubierto que lo que más temías no ocurrió y que a veces tu conducta puede empeorar la situación.

10. Trátate a ti mismo con consideración

El paso que diste pudo tener diferentes resultados: un éxito total, un fracaso total o algo intermedio. Sea como fuere, has dado un primer paso y has aprendido cómo enfrentarte a tus temores. Ahora puedes hacer una pausa y otro día regresar a la sección 1 y reflexionar acerca del siguiente paso. De momento, limítate a hacer lo que te venga en gana. Identificar lo que has aprendido podría ser útil, y también a qué virtudes recurriste para dar este paso. El capítulo 11 proporciona modos de identificar y registrar esas virtudes, valores y recursos. También resultará útil empezar a planificar tus círculos virtuosos (véase el último capítulo): los modos de pensar y actuar que han empezado a funcionar.

Regresar al paso 1

Según lo que haya pasado, tendrás una idea de cuál podría ser el próximo paso. Podría tratarse de la misma situación, pero teniendo en cuenta lo que has aprendido. Eso está bien. Si la situación aún te angustia, sigue con la misma y continúa aprendiendo cómo enfrentarte a ella mediante estos pasos. Otra opción sería convertir la misma situación en un desafío mayor, incrementando ligeramente la ansiedad que te provoca. Por ejemplo: podrías permanecer en ella más tiempo o centrarte un poco más en tus sensaciones en vez de tratar de controlarlas.

Usar el plan en diez pasos para alcanzar otras metas

El plan se presta para aprender otras maneras de enfrentarse a los temores. Otro modo de emplearlo supone aplicarlo a otras metas que no te angustian pero que siempre has evitado. Por ejemplo: si sufres dolores o fatiga crónicos, cualquier cosa puede parecerte imposible debido a tus problemas físicos. El plan en diez pasos te permite fijarte un objetivo pequeño cada vez y ver cómo te desenvuelves, e incrementar tu actividad poco a poco. Por ejemplo: leer un libro puede fraccionarse leyendo una sola página cada vez, o la tarea de limpiar la casa se fracciona limpiando una habitación o un único mueble cada vez. Puede que parezca complicado, pero a menudo supone un mayor avance que fijarse la meta de limpiar toda la casa, porque eso resulta desalentador y entonces ni siquiera empezarás a hacerlo. Otros planes que puedes emprender mediante este esquema incluyen fumar menos y estudiar para un examen. Sin embargo, es posible que tengas que enfrentarte a tu propia crítica con respecto a la rapidez de tu progreso (véase capítulo siguiente). La clave consiste en elogiarte a ti mismo por cada paso que has dado, y dar un paso atrás y volver a evaluar tus objetivos si has sufrido un revés.

Puedes poner en práctica otro modo de usar el plan en diez pasos una vez que lo has probado varias veces y has logrado progresar. En este punto podrías tratar de enfrentarte a una situación más difícil y poner más a prueba tus certezas con respecto a la «amenaza extrema». Una técnica que produce muy buenos resultados consiste en «provocar tu ansiedad»: en vez de procurar limitarla, haces cosas que te angustien. Por ejemplo: alguien que tiene miedo de asfixiarse puede sostener el aliento cuando está en el supermercado. Quienes temen ser contaminados se provocarían un ataque de ansiedad tocando el inodoro. Cuando lo hagas, no olvides apuntar qué crees que sería lo peor que puede pasar. En este punto, si la persona logra tolerar la ansiedad autoprovocada y seguir enfrentándose a la situación, su confianza y su sensación de controlarla aumentará. Empezará a comprender que es capaz de enfrentarse a un grado mayor de ansiedad, que «lo peor» no suele suceder y a menudo descubre que posee un mayor número de virtudes y recursos de lo que creía. El plan en diez pasos sirve para monitorizar este tipo de situaciones. Claro que lleva tiempo alcanzar esta fase y no es idóneo para todos, pero para algunos supone aprender a enfrentarse y superar los problemas causados por la ansiedad.

Tabla 7.1   Cuadro de evaluación del plan en diez pasos

1. La situación

Piensa en una situación que te pondría ansioso.

Intenta imaginártela.

¿Cuán ansioso te pondría? 0 = en absoluto y 10 = pánico extremo.

Si la respuesta es 8 o más, piensa en dar un paso más pequeño o en una situación menos angustiante. Puede ser algo tan sencillo como contemplar un objeto o una imagen durante un determinado período de tiempo.

Situación . . . .

¿Durante cuánto tiempo pienso permanecer en la situación? . . . . .

. . . .

¿Cuán ansioso creo que me
pondrá?   0 1 2 3 4 5 6 7 8 9 10

¿Estás seguro que es un objetivo posible? De lo contrario, conviértelo en uno más accesible. Recuerda que tratas de dar este paso como se ha descrito aquí, ni más ni menos.

2. Sensaciones físicas y acontecimientos mentales previstos

¿Qué clase de sensaciones físicas prevés? ¿Qué clase de acontecimientos mentales crees que te vendrán a la cabeza en esta situación?

Ejemplos: imágenes, recuerdos, sensaciones, sonidos, impulsos
e ideas. Enuméralos y describe cómo crees que los
experimentarías:

. . . .
. . . .
. . . .
. . . .
. . . .

3. Tus certezas acerca de la «amenaza extrema»

¿Qué es lo peor que crees que podría ocurrir si te encuentras
en esta situación y experimentas las sensaciones físicas y los
acontecimientos mentales enumerados arriba? ¿Qué temes que
sucedería? Intenta imaginártelo. ¿Qué porcentaje de certeza le
adjudicas a cada una de estas ideas, desde 0% (ninguna) a
100% (absoluta)? Aquí sólo has de apuntar tres de tus certezas
extremas, no las que piensas que sería razonable que
cualquiera tuviera en esta situación.

Certeza de amenaza extrema 1:

. . . .
. . . .
. . . .% Antes . . . . . Después . . . .

Certeza de amenaza extrema 2:

. . . .
. . . .
. . . .% Antes . . . . . Después . . . .

Certeza de amenaza extrema 3

. . . .
. . . .
. . . .% Antes . . . . . Después . . . .

4. Otras certezas

¿Cuál sería el mejor resultado de esta situación? ¿Podría haber uno
   menos amenazador? ¿Qué pensaría otro que no le tiene miedo
   a esta situación acerca de ella? ¿Existe una manera menos
   amenazadora de pensar sobre estas sensaciones físicas y
   acontecimientos mentales? ¿Crees que son una reacción natural
   al estrés que podría no ser dañina? Apunta hasta tres de estas
   certezas. ¿Hasta qué punto crees que estas certezas menos
   amenazadoras son ciertas?

Otra certeza 1:

. . . .% Antes . . . . Después . . . .

Otra certeza 2:

. . . .% Antes . . . . Después . . . .

Otra certeza 3:

. . . .% Antes . . . . Después . . . .

5. Prepararte para enfrentarte a la situación

Lee los puntos 1 al 4 que figuran arriba. ¿Has de hacer algún
   cambio? ¿Estás dispuesto a centrarte en la situación y notar
   las sensaciones corporales y los acontecimientos mentales
   previstos? ¿Estás dispuesto a tolerarlos sin tratar
   de controlarlos?

Haz memoria y recuerda durante cuánto tiempo planeas
   enfrentarte a la situación. Ten presente que la idea consiste
   en experimentar lo que has descrito y no distraerte ni tratar de
   controlarlo. ¿Estás dispuesto a hacerlo? De lo contrario, piensa
   que puedes cambiar el objetivo y dar un paso más pequeño.

6. Enfrentarte a la situación

¿Me enfrenté a la situación tal como había planeado? Sí/No

Si marcaste «Sí», bien hecho. Pasa al punto 8 y continúa.

Si marcaste «No», bien hecho. Pasa al punto 7 y continúa.

7. Experiencias no previstas

Un motivo habitual para no enfrentarse a la situación es que ocurriera algo no previsto o que hicieras algo no planeado. ¿Es así? Puede que no te centraras en la situación porque te dejaste llevar por otros pensamientos que te asaltaron. Si ocurrió alguna de estas cosas, ¿en qué se diferenció la situación de lo esperado?

. . . .

. . . .

. . . .

8. ¿Qué ocurrió?

¿Qué ocurrió mientras la situación se desarrollaba? Tras permanecer en la situación el tiempo planeado, ¿qué ocurrió al final? Puedes apuntar «nada» o algo bueno, o malo, que haya ocurrido. Asegúrate de apuntar lo que realmente ocurrió, lo que viste, oíste o sentiste y no lo que pensaste al respecto.

. . . .

. . . .

. . . .

. . . .

9. Revisar tus predicciones

Vuelve a las secciones 3 y 4, y no olvides lo que ocurrió en la situación. Ahora vuelve a puntuar tus certezas. ¿Hubo algún cambio? En ese caso, ¿qué significa en cuanto a tu certeza acerca de esas ideas? Si no fuera así, ¿qué crees que podría servirte para que modificaras esas certezas en el futuro? ¿Cómo podrías crear una situación de este tipo o una que se aproxime a ella?

Describe con tus propias palabras lo que has aprendido al tratar de enfrentarte a esta situación:

. . . .

. . . .

. . . .

. . . .

10. Tratarte a ti mismo con consideración y hacer una pausa

Sea cual sea el resultado, tienes derecho a estar bastante
satisfecho contigo mismo. Ahora puedes hacer una pausa,
dedicarte a otras cosas y retomar la siguiente situación en otro
momento. Podrías apuntar las virtudes y recursos de los que
echaste mano. ¡Bien hecho!

Si las cosas no salieron según tu plan, puede que tiendas a
criticarte o a culparte a ti mismo o a otros. Sería comprensible,
pero no olvides que, si lo sigues rumiando, tendrá un efecto
negativo en tu estado de ánimo. Aunque suele ser complicado,
en última instancia tú eres el responsable del estado de ánimo
en el que te encuentras. Reflexiona acerca de tu disposición a
cambiar en este preciso instante (capítulo 6) y luego regresa a
este capítulo cuando estés preparado. Los capítulos 8-10 tratan
de otros obstáculos habituales: comprueba si te resultan
de ayuda y sobre todo elógiate por seguir intentándolo.

Tabla 7.2   Planilla de progreso del plan en diez pasos

	¿Qué situación enfrenté?	¿Qué aprendí?
Plan en diez pasos 1 Fecha		
Plan en diez pasos 2 Fecha		
Plan en diez pasos 3 Fecha		
Plan en diez pasos 4 Fecha		
Plan en diez pasos 5 Fecha		
Plan en diez pasos 6 Fecha		
Plan en diez pasos 7 Fecha		
Plan en diez pasos 8 Fecha		

Plan en diez pasos 9
Fecha
Plan en diez pasos 10
Fecha

Puntos clave

- Un sistema como el plan en diez pasos puede ayudarte a poner en práctica lo que has leído.
- Las metas que eliges pueden ser tan pequeñas como tú quieras, y pueden incluir lo que ya intentas lograr.
- El plan permite que registres lo que has logrado, cualquier dificultad sufrida y lo que puedes aprender para el futuro.
- Las secciones posteriores del libro intentarán ayudarte a superar otras dificultades con las que te encuentras al tratar de poner en práctica tu plan.

8

Lidiar con las preocupaciones y la culpa

La preocupación otorga una sombra grande a algo pequeño.

Proverbio sueco

Por regla general, lo que no se ve perturba la mente de los hombres en mayor medida que lo que ven.

JULIO CÉSAR

Si quieres quitarte un peso de encima, renuncia a ser el director general del universo.

Anónimo

En anteriores capítulos he señalado los problemas que supone el preocuparse, criticarse a uno mismo y rumiar acerca de los propios aspectos negativos. A todo ello se lo puede denominar «cavilación excesiva» o «pensamiento recurrente». Al igual que el temor es algo normal, la mayoría se preocupa hasta cierto punto, pero estos pensamientos recurrentes realmente pueden suponer un obstáculo para poner en práctica el plan en diez pasos, porque las ideas te apartan de lo que de verdad está ocurriendo, de notar si hay cosas que temer o no las hay. Como este libro se centra sobre todo en lidiar con los temores y las fobias, no se centra directamente en ese tipo de pensamientos, pero procura explicar por qué hacen que recuperarse de una fobia sea más difícil. Sin embargo, para algunos este tipo de pensamiento parece ser el principal problema, así que he dedicado un breve capítulo a ocuparme directamente de ello. Puede que algunos lectores también estén interesados en echar un vistazo a los libros que tratan del pensamiento recurrente (véase la lista de lecturas en el apéndice 5: *The Worry Cure*, de Bob Leahy, es un ejemplo).

Un ejemplo de preocupación - Janet

Cuando mis temores alcanzaron un punto álgido, me preocupaba que todo lo que podía salir mal saliera mal. Si tenía dolor de cabeza, creía que sufría una hemorragia cerebral. Si me dolía el estómago, creía que tenía apendicitis. Si mi respiración se aceleraba, creía que me moriría de un ataque al corazón. Al conducir el coche, estaba convencida de que los frenos fallarían, que reventaría un neumático o que de pronto me quedaría ciega, provocaría un accidente y dejaría a mi familia abandonada. De vez en cuando sigo pensando esas cosas pero tras enfrentarme a mi miedo a viajar durante varios años, hoy también me preocupo menos de lo demás.

¿Qué son la preocupación y la culpa?

Todos estos pensamientos pueden denominarse «pensamientos recurrentes». No son ideas negativas ocasionales, que son muy comunes; son largas cadenas de pensamientos negativos, típicamente acerca de ti mismo o de quienes te rodean. Estas ideas suelen manifestarse en forma de palabras, como si te hablaras a ti mismo mentalmente: un «diálogo interior»; esto también es normal, el problema es cuán negativo y extremo tiende a ser este diálogo. Las personas acaban instalándose mentalmente en lugares a donde jamás acudirían en la realidad: en un futuro lejano o en el pasado remoto. Nadie sabe si estas ideas resultan útiles para el presente, el aquí y ahora, pero ciertamente suponen un revés. He aquí algunos ejemplos de clases de pensamientos recurrentes que pueden ocurrir en la mente de las personas:

1. *Preocupación.* Típicamente, preocuparse significa predecir lo peor que puede pasar, preguntarse: «¿Qué pasaría si...?» una y otra vez.
   «¿Y si hubiera mucho tráfico?»
   «Llegaré tarde al trabajo.»
   «¿Y si llego tarde al trabajo?»
   «Mi jefe se enfadará conmigo.»
   «¿Y si mi jefe se enfada conmigo?»
   «Perderé mi empleo.»
   Preguntarse «¿Qué pasaría si...?» una y otra vez hace que imaginemos guiones cada vez peores y nos volvamos más ansiosos. Por lo tanto, la preocupación hace que las personas sientan ansiedad ante una situación antes de que ésta se haya producido, y aun cuan-

do no se produzca jamás. Preocuparse puede hacer que alguien imagine su propia muerte aunque tenga toda la vida por delante. Aunque preocuparse un poco es normal, los que se preocupan muchísimo tienden a angustiarse y sentir que no pueden controlar su preocupación.

2. *Pensamientos autocríticos.* Es la tendencia a reaccionar «atacándote» mentalmente. Las personas se atacan a sí mismas de varias maneras. Por ejemplo: algunas se insultan mentalmente llamándose «¡Idiota!», diciéndose «¡Eres patético!» o «¡Eres un perdedor!» y en ciertas ocasiones lo hacen en voz alta. Otros tipos de autocrítica son más sutiles: «¡Has de esforzarte más!» «¡Ponte en marcha o perderás el tren!» Y otras llegan a extremos aún mayores y se limitan o se hacen daño para castigarse a sí mismas. Muy a menudo, han aprendido esa manera de tratarse a sí mismas de quienes las rodean, y consideran que las mantiene motivadas y a salvo.

3. *Cavilar en exceso.* Esto supone reflexionar sobre cómo te sientes ahora y plantearte cierto tipo de preguntas al respecto. Una de ellas es «¿Por qué?»:
    «¿Por qué hoy no he hecho nada?»
    «Porque soy un perezoso.»
    «¿Por qué soy un perezoso?»
    «Porque soy un inútil.»
    Por lo visto, preguntarse «¿Por qué?» no parece explicar los estados de ánimo negativos, se limita a generar ideas dañinas y negativas a partir de experiencias nimias. Cavilar en exceso también incluye pensar en

tratar de reinventar el pasado o revivirlo. Es el tipo de pensamiento albergado en frases como: «Si no hubiera tomado el bus para ir a trabajar, todo habría salido bien.» Es una reacción muy normal frente a un acontecimiento traumático que se podría haber evitado. Nadie puede viajar al pasado y modificarlo, pero eso no impide que nuestras mentes traten de hacerlo.

¿Es útil preocuparte y culparte?

Al parecer, la mayoría de los que se preocupan, cavilan mucho y se critican a sí mismos y creen que es útil. Puede que algunos digan que les ayuda a resolver sus problemas, que les recuerda sus responsabilidades, que los prepara para lo peor y que evita la decepción. A menudo, las personas dicen que se preocupan por algo para distraerse de las preocupaciones más graves a las que no pueden enfrentarse, y cuando les preguntas por qué se maltratan a sí mismas contestan que están tratando de mantenerse a salvo y no meterse en problemas. ¿Crees que es así? En tal caso, ésa es la explicación de por qué piensas de este modo aunque te cause problemas, y nos lleva a la siguiente pregunta: ¿existe otro modo de motivarte sin preocuparte y maltratarte a ti mismo? Por ejemplo: ¿por qué en cambio no intentas aplicar algunas de las estrategias de este libro?

Con frecuencia es imposible averiguar si lo que pensamos es verdadero o falso. Por ejemplo: si me preocupa la idea de perder mi empleo dentro de un año, ahora mismo no hay manera de comprobarlo, así que en el caso de muchos de nuestros estilos problemáticos de pensar, lo mejor es cambiar de rumbo. ¿Resulta útil pensar que dentro de un año podría perder mi empleo? ¿Me ayudará a trabajar mejor o a disfrutar más de la vida? A lo mejor me sirve para prepararme para lo peor. ¿O acaso me angustiará tanto que afectará a mi rendimiento y hará que sea más probable que me despidan? Al parecer, la gente se preocupa porque cree que preocuparse le ayuda, pero la preocupación supone un problema en sí mismo, así que quizá podríamos dejar de preocuparnos y reemplazar la preocupación por otra manera de pensar en el futuro. Si no podemos predecir el futuro, ¿por qué no imaginar las cosas positivas que tal vez ocurran, en vez de las negativas? Cuanto más nos imaginamos distintas cosas que podrían ocurrir en el futuro, tanto más comprendemos que no podemos estar seguros de ninguna de ellas, porque existen infinitas posibilidades, tanto buenas como malas y regulares. Muy a menudo, recuperarse supone aceptar que el futuro es incierto. La incertidumbre es un hecho, pero tardamos en aprender a aceptarla.

Preocuparse, criticarse a uno mismo y cavilar en exceso, ¿resulta peligroso?

Aquellos cuyo principal problema consiste en este tipo de pensamientos a menudo creen que preocuparse resulta dañino. Tal vez crean que «perderán el control sobre su mente», que acabarán convirtiéndose en un «manojo de nervios» o que tendrá efectos físicos graves. El terapeuta cognitivo Adrian Wells ha usado la expresión «preocupación por la preocupación» o «meta-preocupación» para describir este tipo de pensamiento. Parece que preocuparse por preocuparse vuelve a las personas aún más ansiosas, pero no impide que se preocupen. ¿Te preocupa la preocupación? ¿Cómo saber si la preocupación es la causa de todas esas cosas malas? ¿Tal vez tratando de controlar tu preocupación: preocupándote un día y al día siguiente no? Pero, para esto, deberías ser capaz de controlar tu preocupación.

Las personas a menudo creen que preocuparse es algo incontrolable, que una vez que empiezan ya no pueden parar. Sin embargo, la mayoría nunca ha tratado de decidir cuándo preocuparse y cavilar, y cuándo no. Quizá procuraron quitarse todas las ideas preocupantes de la cabeza, pero eso no equivale a experimentar una idea preocupante y luego decidir que no pensarán en ella y que en cambio harán otra cosa. ¿Crees que preocuparte o criticarte a ti mismo es algo incontrolable? ¿Alguna vez has tratado de controlarlo? A lo mejor el enfoque de este libro te ayudará a aceptar tus perturbadores «acontecimientos mentales», y podrías optar por no preocuparte por ellos, aunque adquirir ese hábito te llevará cierto tiempo.

Cuando alguien se preocupa, está pensando en las cosas malas que podrían suceder en el futuro inmediato. Sin embargo, cuando las personas hablan de sus preocupaciones en la terapia, éstas parecen girar en torno a cosas que les han ocurrido en el pasado. Por ejemplo: a una de mis clientes —que estaba preocupada porque su marido pudiera abandonarla tras tener una aventura— le propuse que se centrara en lo que sentía cuando empezó a preocuparse. Entonces me dijo que lo que sentía era vergüenza por haber acabado con un matrimonio anterior debido a una aventura. No había comprendido que quizás esa experiencia era la causa de que ahora le preocupara que a ella le ocurriera lo mismo en el futuro. La preocupación la había ayudado a reprimir la sensación de vergüenza y de culpa. Tras manifestar este recuerdo, ya no tuvo que reprimirlo. Después de hablar de su pasado, el cambio de perspectiva también hizo que observara las diferencias entre su situación actual y la anterior. Por ejemplo: su relación actual funcionaba mucho mejor que la anterior, de la que escapó. Quizá no tenía tantos motivos para preocuparse como había creído. No todos son capaces de establecer un vínculo entre una preocupación actual y las experiencias pasadas, pero cuando lo logran los efectos suelen ser positivos.

Otra idea sobre la preocupación y la autocrítica es que se trata de la ira que sientes hacia otro y que proyectas sobre ti mismo. Es verdad que esta teoría parece aplicarse a algunos. Puede que merezca la pena plantearse si se está realmente enfadado con alguien que le importa mucho a uno, como la madre, el padre o la pareja. Claro que esta teoría no significa que la solución sea gritarle a otro en vez de gritarte a ti mismo. Pero si estás enfadado con alguien por lo que dijo o hizo, quizá merezca la pena pensar qué podrías hacer para enfrentarte a esos sentimientos y evitar que la situación se repita. En el siguiente capítulo hay algunas secciones acerca de cómo enfrentarte a las reacciones de los demás.

Comprender la preocupación, la autocrítica y la cavilación

Si las ideas recién expuestas te parecen pertinentes, tal vez puedas empezar a comprender tu tendencia a preocu-

LIDIAR CON LAS PREOCUPACIONES Y LA CULPA

parte, cavilar y criticarte. Si crees que esas cosas te ayudan, entonces eso impedirá que las dejes de lado. Y si crees que no puedes controlar tu preocupación, también esto te lo impedirá. Finalmente, si estás decidido a dejar de hacerlo, tendrás que buscar con qué reemplazarlo, otras maneras de centrarte, como leer, hacer deporte u otro pasatiempo. Otras actividades sustitutivas son la técnica de la breve relajación consciente y el estilo de pensar autotranquilizador que describí en el capítulo 3. La idea no es reprimir todos los pensamientos negativos sino notar el momento en que se te ocurren y entonces optar por una de las otras actividades en vez de dedicarte a preocuparte, cavilar o criticarte. El terapeuta cognitivo Adrian Wells ha desarrollado un sistema para tratar la preocupación y la cavilación empleando este enfoque general. Ayuda a hablar de lo que uno cree acerca de su preocupación y a comprobar sus certezas al respecto. Por ejemplo: uno puede comprobar si la preocupación es controlable planeando preocuparse durante una hora al día (digamos de las 18 a las 19 horas). Si empieza a preocuparse a otras horas se le indica que postergue su preocupación hasta más adelante. Al principio resulta difícil, pero con el tiempo ayuda a comprender que uno disfruta de cierto control acerca de su pensamiento recurrente y que a lo mejor no es tan peligroso ni tan útil como había creído.

Puntos clave

- Casi todo el mundo se preocupa hasta cierto punto.
- Algunos creen que preocuparse o criticarse es o bien dañino o incontrolable.

- Preocuparse a menudo puede suponer distraerse de sentimientos más dolorosos.
- Algunos tipos de BRC te permiten aprender a controlar tu preocupación.

9

Lidiar con las consecuencias de la fobia

Mientras todos sientan una gran necesidad de controlar a los demás para no ser controlados, el conflicto es inevitable.

WILLIAM T. POWERS

El control nunca se alcanza de manera directa. Es el sorprendente resultado de aflojar.

JAMES ARTHUR RAY

Aprender a enfrentarse a una fobia supone algo más que aprender a lidiar con la ansiedad. Con el tiempo, la fobia genera su propio impacto en el trabajo, la formación y las relaciones. En esta sección ofrezco algunas sugerencias acerca de cómo lidiar con ese impacto y empezar a invertir la tendencia.

Saber es poder

Leer este libro te sitúa en mejor posición para estar informado acerca del temor, la ansiedad y las fobias, porque las explicaciones que proporciona no se limitan a ser de sentido común sino que provienen de experiencias personales y también de las teorías científicas y la investigación. Gracias a esa información, podrás descubrir si los demás reaccionan frente a tu fobia de un modo positivo o negativo para ti. Y espero que también te proporcione los términos necesarios para hablar de tus experiencias y lograr que los demás te comprendan, pero eso llevará su tiempo y sólo algunos estarán dispuestos a escucharte de inmediato y comprender por lo que has pasado. Si tú te comprendes a ti mismo un poco mejor tras leer este libro (y otros similares), habrás obtenido un modo de aceptarte y de realizar algunos cambios, pese a lo que opinen los demás. Puede que con el tiempo lleguen a comprenderte.

Lidiar con quienes no te comprenden

Los temores y las fobias pueden ejercer un gran impacto en las relaciones, y éstas a su vez pueden ejercer un efecto positivo o negativo en la fobia. Al parecer, el factor principal reside en hasta qué punto los amigos y la familia comprenden aquello por lo que pasa alguien que tiene una fobia. Con mucha frecuencia, no se dan cuenta de que tu conducta es el resultado directo de lo que temes que esté a punto de suceder. En otro momento quizá comprendan tu certeza, pero no comprendan la intensa angustia experimentada por alguien que tiene miedo. Sin quererlo, algunas de las personas más comprensivas pueden hacer o decir algo que te complique la vida aún más. Por ejemplo: creer que han de animarte pero ignorar que eso supone someterte a una presión mayor. Pero tú también has de ser comprensivo, puesto que ellos no pueden leerte los pensamientos: el único que puede hacerlo eres tú.

A lo mejor lees este libro porque estás preocupado por un amigo o un familiar que sufre una fobia. Las personas suelen preguntar cómo pueden ayudar. No existe un modo sencillo para hacer que los amigos y los familiares comprendan lo que le pasa a la persona a la que quieren ayudar.

De hecho, parece que la mayoría no sabe en qué consiste la ansiedad. Tal vez se deba a que el concepto general de cómo enfrentarse a los temores y las fobias suele suponer decir algo como «esfuérzate» o «anímate», y en el caso de la ansiedad eso no funciona. Así que enfrentarte a ésta se vuelve todavía más difícil porque puede que una persona ansiosa deba «rebelarse contra la tendencia» y empezar a hacer y creer cosas que a los demás ni siquiera se les han ocurrido. No obstante, para las personas de mente abierta, las explicaciones de este libro podrían incrementar su nivel de comprensión. Lo más importante es que los amigos y familiares tengan presentes tres asuntos fundamentales:

1. *Los actos de los ansiosos cobran sentido cuando sabes lo que están pensando.* Cuando una persona ansiosa se conduce de un modo extraño (da vueltas por la habitación o comprueba que todo esté correcto), se debe a que está luchando para ponerse a salvo de sus sensaciones corporales y acontecimientos mentales inusua-

les. No son indicios de que se haya convertido en un «manojo de nervios» ni que esté «loca». Puede que un amigo o un familiar sea capaz de escucharte (un problema compartido se reduce a la mitad) sin tratar de negarlos o menospreciarlos.

2. *Lo que le ha ocurrido a alguien en el pasado y lo que le está ocurriendo ahora mismo afecta al hecho de que esté o no ansioso.* Los problemas de una persona ansiosa a menudo se deben a que sus experiencias infantiles han dificultado su capacidad de aprender a enfrentarse a una situación amenazadora. El origen de todos los problemas reside en el pasado, pero también siguen activos en el presente debido al modo en el que las personas se enfrentan a sus temores, así que una persona ansiosa merece ser comprendida y que sus pasadas dificultades sean tenidas en cuenta por los demás, pero por otra parte la persona ansiosa es la única capaz de aprender a enfrentarse mejor a su ansiedad en el presente.

3. *Con el tiempo, las personas son capaces de recuperarse de sus problemas de ansiedad.* Debido a lo mencionado anteriormente, y como todos los problemas de ansiedad siguen existiendo en el presente debido a cómo las personas se enfrentan a sus temores, la recuperación siempre es posible: las personas pueden modificar el modo en el que se enfrentan a sus temores, pero es imprescindible tener presente que los cambios no se producen de un día para otro y que los demás son incapaces de acelerarlo. Sólo puede ocurrir al ritmo de la persona que está aprendiendo a enfrentarse a su ansiedad.

La experiencia de Laura en cuanto a lidiar con la reacción de los demás a su ansiedad

Desde fuera se suelen malinterpretar nuestras dificultades. A mí me ocurre con mucha frecuencia y me enfada bastante, sobre todo si tras esforzarme por explicarlas no las comprenden. Las personas juzgan con mucha rapidez y suelen decir cosas como «¡Vamos, cálmate!» o «Has de seguir adelante». Creen que saben todas las respuestas pero en realidad lo ignoran casi todo.

La experiencia de Janet en cuanto a lidiar con las reacciones de los demás frente a su fobia

Durante muchos años nunca hablé de mi pánico porque me sentía estúpida, fracasada e infantil, cuando en realidad ¡era una mujer adulta con dos hijos! Por ese motivo, nadie comprendía qué me pasaba y no me apoyaban en absoluto, y esa actitud me confirmaba que era una estúpida y una fracasada. En cierta ocasión, durante una conversación con unos familiares acerca de los rodeos que daba (para evitar los semáforos), lo solté. Dije: «¡No puedo hacerlo! ¡Sufro ataques de pánico!» y entonces me miraron con expresión desconcertada, pero yo ya no sentía vergüenza: «Eso es lo que me pasa, así que no me digáis que haga algo que me resulta desagradable.» Me sentí mejor con sólo decirlo.

A veces resulta difícil expresar lo que sientes acerca de tu ansiedad y cómo enfrentarte a ella. Podrías echar mano de la explicación que aparece a continuación, ya sea literalmente o cambiando algunos detalles. Está ideada para afrontar los principales malentendidos de los demás y ofrecerles la oportunidad de aceptar tu enfoque, o no aceptarlo.

Como sabéis, tengo un problema de ansiedad. Tras leer al respecto he comprendido que he de explicaros algunos aspectos de la ansiedad y me ayudaría mucho que vosotros también los comprendierais. El primero es que la ansiedad tiene efectos físicos, corporales, que dificultan que puedas hacer lo que quieres hacer. No se trata de una «cuestión mental». El segundo, uno de los principales problemas, es que la ansiedad empeora si te presionan, te critican e incluso si te animan a alcanzar objetivos imposibles para ti. Esos métodos no funcionan. El tercero es que muchas personas mejoran o se recuperan de sus problemas de ansiedad a lo largo de meses o años. Al parecer, uno se recupera gracias a una mayor comprensión de lo que es la ansiedad, de qué la hace seguir existiendo y de empezar a enfrentarse de un modo diferente a la situación que la provoca. Actualmente estoy intentando hacerlo, pero debo hacerlo a mi ritmo, porque por lo visto es lo que les ha funcionado a los demás. Esta manera de enfrentarme a mi ansiedad, ¿os parece sensata? De lo contrario buscaré información para poder responder a vuestras preguntas. En caso de que os parezca sensata, ¿estáis dispuestos a apoyarme en mis esfuerzos por enfrentarme a mi ansiedad?

Lidiar con quienes te critican abiertamente

Si no comprenden qué te ocurre, las personas pueden volverse críticas. Sabemos que la mayoría no comprende la causa de la ansiedad, incluidos quienes están ansiosos. Tienden a explicarla de un modo muy sencillo, adjudicándola a razones como «falta de motivación» o «falta de confianza». Puede que otros alberguen ideas más extremas acerca de las personas ansiosas y juzguen que es «un manojo de nervios» o «no le importo lo bastante para ponerse mejor». Incluso tras un trauma grave, los amigos íntimos y la familia a menudo siguen creyendo que cualquier persona «normal» habría superado el problema. A veces dicen estas cosas adrede, para tratar de herir a la persona ansiosa (véase la siguiente sección), aunque no suele ser así y vale la pena considerar otras posibilidades. Por ejemplo: a pesar de resultar inútil, este tipo de afirmación a menudo supone un auténtico intento de comprender la conducta de alguien que está ansioso. Además, puede que de verdad crean que criticar a alguien o llamarle la atención sobre sus errores o los desastres que podría sufrir supone un modo eficaz de mantenerlo motivado en sus intentos de curarse... incluso puede que tú también lo creas en parte. Quizá digan cosas como: «¡Mantente alerta!» o «¡No seas complaciente!». Sin embargo, todo indica que este tipo de motivación negativa no sirve y lo único que logra es que el otro se sienta peor y se preocupe aún más. La única manera de comprobarlo es observar qué pasa cuando una persona cercana a ti hace lo contrario: te acepta como eres, escucha tus problemas, elogia tu progreso y se alegra por ti. ¿Hace que te sientas más motivado? ¿Hace que te preocupes más, o menos?

Antes he mencionado que las fobias están causadas por diversos factores, incluidos los genes, las experiencias del pasado y tu propia conducta. Eso significa que quien tiene una fobia no tiene la culpa de tenerla. Por eso resulta inaceptable que los demás te culpen o te critiquen por tener una fobia y por sus consecuencias. Podrás proporcionar un ejemplo de cómo enfrentarte a la fobia tratándote a ti mismo con consideración mientras das pequeños pasos para enfrentarte mejor al problema (véanse los ejemplos de autotranquilización del capítulo 3). A veces puede ser tentador defenderse y criticar a los demás cuando ellos te critican a ti por tu fobia, pero eso podría convertirse en una batalla campal. Si permites que ocurra, habrás dejado que la fobia te venza. ¿Realmente quieres que ocurra? Si alguien cercano a ti te critica por tener una fobia, quizás eso indique que en realidad no comprende lo que es ni lo que la causa. Ha de aprenderlo, y tú puedes explicárselo. Muchos estarán dispuestos a aprenderlo si se lo explicas de un modo respetuoso y directo. Si se niegan a escucharte y siguen criticándote, ¿de verdad merecen que les dediques tu tiempo? Podría resultar más útil que lo dediques a hablar con alguien que esté dispuesto a aprender y demuestre consideración por ti.

Existen ciertas técnicas específicas para lidiar con las críticas de los demás. David Burns, terapeuta cognitivo, proporciona una de ellas. Cuando alguien te critica, dile que sea específico y te aclare lo que intenta decirte. Porque una crítica específica puede resultar útil y verdadera, mientras que la crítica general y extrema nunca resulta útil y jamás es verdad. Por ejemplo: «Llegaste tarde para la cena» supone recordarte algo que tal vez sea verdad, mientras que es evidente que «Nunca haces nada de lo que te pido porque eres un egoísta» es una crítica demasiado general para ser verdad. Decirles a las personas que sean más específicas también las desarma: ni aceptas ni niegas su crítica y no empeoras la situación atacándolos. No retrocedes y les exiges que sean más precisos. No tienes por qué aceptar críticas infundadas, pero demostrarás tu fuerza aceptando comentarios que quizá supongan una descripción real de un acontecimiento que puede haber frustrado o decepcionado a otros. Incluso puedes sacar provecho de una crítica y considerarla un consejo útil u otra cosa que puedes poner a prueba. Echa un vistazo a los modos de pensar autotranquilizadores que figuran al final del capítulo 3 y a las palabras del apéndice 4. Ofrecen modos de pensar más constructivos acerca de tus dificultades y también palabras para describirlas.

Lidiar con los matones

A veces las personas reaccionan frente a una persona temerosa de maneras que van más allá de la crítica, maneras que son inadecuadas, manipuladoras o groseras. Los matones que ocupan una posición de poder a menudo se meten con quienes creen que les tienen miedo, sabiendo que se saldrán con la suya. Si has sufrido este tipo de agresión es muy comprensible que esas personas hagan que te sientas frustrado y enfadado. Puede que tengas muchas ganas de contraatacar o vengarte. Dada la situación, todo ello es muy normal, pero podría resultar peligroso arremeter contra esa persona cuando estás furioso y no piensas en las consecuencias. Tu cólera es absolutamente normal pero cómo te enfrentas a esa cólera y cómo te comportas con los demás depende de ti. A lo mejor merece la pena pensar cómo lidiar con esta situación, y con dos objetivos en mente: mantenerte a salvo y obtener una compensación por lo ocurrido. Puede que te lleve tiempo y reflexión y quizá suponga conseguir la ayuda y la comprensión de otros. En ciertos casos, es posible arreglar la relación con el matón, pero no en todos. Si consideras que esta situación te resulta pertinente, en la lista de libros figuran varios libros de autoayuda.

Compañeros de trabajo y jefes

En la mayoría de los casos, volver al trabajo o retomar la formación supone un indicio claro de si se están enfrentando a sus ansiedades. Todo lo mencionado se aplica tanto a las situaciones laborales como a las relacionadas con los amigos y la familia. Sin embargo, hay ciertos puntos específicos que deben tenerse en cuenta:

1. *Los trastornos de ansiedad son algo común.* Entre los problemas de salud mental, la ansiedad y la depresión a menudo son consideradas como el «resfriado común». Los jefes deben tener presente que una gran proporción de su plantilla sufrirá importantes problemas de ansiedad. Por ello, éstos han de tratarse del mismo modo que otros problemas de salud que requieren tiempo libre para visitar al médico.

2. *Revelación.* La decisión de revelar un trastorno de ansiedad y a quién decírselo es complicada. Lo más importante es que recuerdes que eres tú quien decide. No

es necesariamente una decisión sencilla y has de reflexionar con cuidado acerca de las ventajas y desventajas que supone.

3. *Solicitar un empleo.* Al solicitar un empleo, merece la pena averiguar la política de la empresa en cuanto a los problemas de salud mental a través de otras fuentes, así podrás sopesar si te conviene revelarlos, o no. Quizá consideres que, de todos modos, eres capaz de realizar la tarea pese a tus problemas de ansiedad, en cuyo caso no te será útil informar a tu jefe. Aunque es ilegal discriminar a alguien sólo porque sufre una «discapacidad», tal vez te preocupe la idea de que revelar tus problemas de ansiedad haga que tu jefe demuestre un prejuicio sutil. Por otra parte, si lo que te preocupa es la capacidad de realizar la tarea y quieres que tu jefe te haga concesiones al respecto (véase punto 4, a continuación), tendrás que informarle de tus problemas.

4. *Horarios flexibles.* Si optas por revelar que sufres un trastorno de ansiedad, convendría que la empresa te permitiera modificar el horario de trabajo en una medida razonable. De hecho, si tus problemas de ansiedad constituyen una «discapacidad» importante, entonces es posible que tu jefe esté obligado a hacer ajustes en tu trabajo, para que dispongas de tiempo para visitar a un psicólogo (consulta a un abogado especialista en temas laborales para saber qué establece la legislación del país donde vives). Si tu jefe logra comprender que un horario más flexible podría ayudarte a desenvolverte mejor, puede que comprenda que a menudo también supone una ventaja para él.

Podrías sugerir que lo ponga en práctica durante un período de prueba de unos meses para comprobar si resulta positivo, tanto para ti como para la empresa.

Puntos clave

- A medida que comprendas mejor tu fobia, podrás averiguar quiénes reaccionan frente a tu problema de una manera útil.
- Quizás un amigo o miembro de la familia que te apoya sea capaz de escuchar tus experiencias sin tratar de negarlas ni menospreciarlas.
- Como las fobias están causadas por diversos factores, nadie puede ser culpado de causarlas.
- Puede que tu jefe descubra que ser más flexible con las personas que sufren problemas de ansiedad puede suponer una ventaja.

10

Todavía no logro enfrentarme a mi fobia. ¿Por qué?

> Nuestra mayor gloria no supone no fracasar jamás sino volver a levantarnos cada vez que fracasamos.
>
> RALPH WALDO EMERSON

> Cada acto de aprendizaje consciente exige estar dispuesto a sufrir una herida en nuestra autoestima. Por eso los niños pequeños, antes de tomar conciencia de su propia importancia, aprenden con tanta facilidad.
>
> THOMAS SZASZ

Para cuando llegues a este capítulo es probable que la ansiedad todavía te cause problemas. Esta sección se centra en las principales razones por las que las personas creen que todavía no logran enfrentarse a su ansiedad y se sienten frustradas.

«Barreras» habituales y cómo lidiar con ellas

A continuación he procurado abarcar los obstáculos más habituales que surgen cuando uno intenta poner en práctica su plan para enfrentarse a las fobias. He proporcionado respuestas a estas preguntas, otros puntos que tener en cuenta y referencias a las secciones del libro que podrían resultar útiles.

¿Por qué no recurrí a este tipo de ayuda con anterioridad?

Antes de empezar un programa de autoayuda es normal pensar cosas como: «Si esto supone una manera de curarse, ¿por qué no recibí ayuda antes?» Puede que pienses eso y que te enfades con quienes te negaron esa ayuda en el pasado. Podrías pasarte los días pensando al respecto, recordando que podrías haber obtenido ayuda en el pasado y enfadándote por las oportunidades perdidas y aprovechar esas sensaciones para distraerte y no buscar ayuda ahora mismo, ni aceptar la responsabilidad de dedicar tiempo a leer este libro y poner en práctica las sugerencias que te ofrece. ¿Acaso te serviría de algo? Otra opción sería aceptar que tu enfado está parcialmente justificado, pero por tu propio bien no dejar de comprobar si este programa funciona. Sólo vives en el presente, no en el futuro. No puedes cambiar el pasado, y postergar tus planes para un futuro no determinado no te ayudará ahora mismo.

Debo ser capaz de explicar todos mis síntomas.

En este libro he tratado de explicar cómo algunas experiencias inusuales, como la sensación de irrealidad y de aturdimiento, pueden desarrollarse a partir de los círculos viciosos formados por ideas, conductas y sus efectos físicos. Sin embargo, puede que hayas experimentado cosas que no han sido descritas en el libro. Podrías sentir la tentación de pensar: «A menos que las ideas de este libro sirvan para explicar todos mis síntomas, no merece la pena tratar de enfrentarme a ninguno.» Pero resulta que tal vez algunos de tus síntomas son la causa directa de un problema físico no relacionado con la ansiedad, así que sería positivo que primero te centraras en los síntomas que podrían ser el resultado de la ansiedad, en vez de centrarte en las experiencias que no encajan. Puede que no exista una explicación para todo lo que experimentamos, y enfrentarse a los problemas en parte supone aprender a aceptar dicha incertidumbre.

¡No progreso con la suficiente rapidez!

Ésta es una frustración muy común: una vez que hemos decidido cambiar y enfrentarnos a nuestros problemas, queremos que se resuelvan de inmediato, y resulta más sencillo cuando hemos comprendido exactamente cuál es el problema: un lápiz roto se puede reemplazar; un techo con goteras, hacer arreglar. El problema con las causas de la ansiedad es que nunca son iguales para todos, y la persona ansiosa es la que está mejor capacitada para comprender su propia ansiedad, no los demás. La vida de la mayoría es larga y compleja, así que modificar nuestros hábitos y certezas lleva tiempo. Es como desenredar una madeja de lana. Podemos hacerlo echando mano de técnicas sencillas: buscar las puntas, pasarlas a través de los nudos y enrollar un trozo no enredado; pero aplicar estas técnicas a cada hebra enredada, a cada acontecimiento problemático, lleva tiempo. La idea consiste en llevarlo a cabo poco a poco, pero necesitas tiempo y paciencia para desenrollar y ordenar las hebras de tu vida.

¡Mi progreso no es lo bastante bueno!

Una reacción muy inmediata a no enfrentarte a los problemas es desear criticarte a ti mismo o a los demás. «¡Alguien debe tener la culpa de que no pueda enfrentarme a ellos! ¡Si no soy yo, debe de ser mi madre, mi pareja, mi jefe o mis amigos!» Claro que quizá tú u otras personas hayan hecho algo que lo dificulta. De acuerdo. ¿Cuál es el paso siguiente: decirte a ti mismo que eres un estúpido por no haberlo hecho correctamente esta vez, o tratar de comprender qué ocurrió para así poder evitarlo la próxima? Si has notado que te criticas en exceso, y también a los demás, entonces eso supone un paso. Ahora podrás decidir si quieres seguir siendo crítico o dedicarle tiempo a tratar de comprender la situación. Podrías hablarte a ti mismo de otra manera, por ejemplo usando las afirmaciones autotranquilizadoras del capítulo 3. En el apéndice 4 también figuran palabras y frases que resultan útiles para quienes aprenden a enfrentarse a sus problemas, y las que no resultan útiles. Por ejemplo: usar palabras como «debo» y «tengo que» parece ser más estresante que usar «puedo» y «podría», así que es mejor pensar «¡Puedo superarlo!» que «¡Debo superarlo!».

¡Leer este libro no supone ninguna diferencia!

Los libros sólo son palabras. A diferencia de las personas, no reaccionan y no has de responderles. Yo no sabré si tú pones en práctica mis ideas, o no. Leer este libro (o cualquier otro) no basta para ayudar a alguien, aunque probar algunas de las ideas que contiene podría ser suficiente. Puede que te centres en los elementos del libro que no encajan con tus experiencias para distraerte y no empezar a poner en práctica lo que quizá funcione y comprobar si algunas de las ideas te resultan útiles. En parte, aprender a enfrentarte a tus problemas podría suponer centrarte en las ideas del libro que sí te ayudan, primero imaginándotelas y después poniéndolas en práctica. Venga... hazlo.

¡Debo fijarme desafíos mayores!

Una parte importante del capítulo 7 era la idea de plantearse metas pequeñas y alcanzables y realizarlas poco a poco. Vale la pena que te preguntes si tus metas son alcanzables. Si no lo fueran, primero intenta descomponerlas y volverlas más sencillas. Si algo empeora la situación, ¿hay algún modo de enfrentarte a ella sin eso? Por ejemplo: si tu meta consiste en ir a un supermercado, ¿podrías hacerlo durante un día de semana tranquilo, por la mañana? El paso siguiente podría ser ir cuando esté más concurrido. Sin embargo, no es necesario que des otro paso si el actual te pone ansioso. Continúa dando el mismo paso durante un tiempo antes de avanzar. Claro que has de tener en cuenta que ninguna situación es completamente controlable y que, en parte, lo que estás aprendiendo es a aceptar que toda situación supone una incertidumbre y a enfrentarte a esos cambios si fuera necesario.

Un ejemplo de cómo Alice creó metas alcanzables

> Quería enfrentarme a la ansiedad que sentía al ir en coche a las tiendas de mi ciudad. Dividí el trayecto en pequeñas etapas. Empecé por pasar por el semáforo y después regresar a casa. Pronto me di cuenta de que los semáforos no podían atraparme en contra de mi voluntad, como había creído. La primera vez que conduje a lo largo de la calle principal, me planteé una meta que en ese momento era inalcanzable. Me puse muy ansiosa y sufrí un revés. En el pasado me habría convencido de que era imposible recorrer la calle principal, pero esta vez decidí dividir el trayecto en tres etapas y ahora ya puedo recorrerla. El próximo paso será aparcar el coche y comprar un billete de aparcamiento.

¡Sigo poniéndome ansioso!

La frustración respecto a aprender a enfrentarse a los problemas suele reducirse a lo siguiente: seguir sintiendo ansiedad. Para resolver el problema, has de considerar algunos puntos:

1. *Tu meta no es eliminar la ansiedad.* Aprender a enfrentarse a la ansiedad no es aprender a eliminarla. El objetivo de este programa no es eliminar todas tus sensaciones desagradables, así que seguirás sintiendo an-

siedad incluso tras hacer progresos. No medimos tu progreso a través de cuán ansioso te sientes sino a través de lo que has logrado hacer pese a tu ansiedad.

2. *¿Has dejado pasar el tiempo suficiente?* El capítulo 4 trata de que la sensación de ansiedad se reduzca con el tiempo, a condición de que no te encuentres con otras cosas que te asusten ni sigas pensando en ellas. Así que si toleras las sensaciones físicas y no tratas de controlarlas, se irán solas. Eso se debe a que la adrenalina en sangre que provoca las sensaciones se descompone en pocos minutos. Pero lo irónico es que has de dejar de controlar esas sensaciones para que se reduzcan, así que a condición de dejar de controlarlas, cuanto más permanezcas en una situación, tanto menos te angustiará, sobre todo si se trata de una situación estática e invariable, como mirar una foto de algo que te asusta, aunque también funciona en situaciones reales.

3. *¿Has abandonado tus «conductas de seguridad»?* El capítulo 5 trata de cómo puede empeorar las cosas lo que haces para sentirte a salvo. Por ejemplo: tratar de no parecer nervioso tensando los músculos quizá te haga sentir mayor tensión y más en control. ¿Hay conductas de seguridad que sigas usando? ¿Funcionan? A lo mejor hacen que tu ansiedad sea mayor. Si tus conductas de seguridad no siempre funcionan y tal vez hagan que te sientas peor, quizá sea hora de que trates de enfrentarte a la situación sin echar mano de ellas.

4. *La preocupación, ¿impide que te concentres?* El capítulo 8 trata de las preocupaciones y otros tipos de

«pensamiento recurrente». Centrarse en las ideas preocupantes vuelve más difícil acostumbrarse a una situación temida. Cuando nos preocupamos no pres-
tamos atención a lo que realmente ocurre; también
puede llevarnos a pensar en otras cosas aterradoras y
eso a su vez provoca una nueva liberación de adrenalina en sangre y hace que sigas sintiendo ansiedad. Si
la preocupación parece ser tu mayor problema, vuelve al capítulo 8 y lee acerca de otras estrategias para
enfrentarte a la preocupación. En general, la preocupación y las conductas de seguridad son los motivos
más probables para que la ansiedad permanezca eleva-
da, más que cualquier diferencia física entre tú y los
demás.

5. *¿Has descubierto qué es lo que realmente temes que
ocurra?* En parte, el plan en diez pasos supone tratar
de manifestar lo que crees que puede ocurrir si te enfrentas a una situación temida. A veces puede resultar
difícil expresarlo verbalmente. A menudo tratamos de
huir de las sensaciones desagradables o aterradoras sin
pensar por qué lo hacemos. Al recordar lo que más tememos antes de entrar en la situación nos aseguramos
de que cada vez que nos enfrentemos a la situación suponga comprobar si lo peor ocurrirá o no. Así que, si
tu pronóstico fue «me pondré muy ansioso», procura
reflexionar al respecto: ya sabemos que es probable
que sientas ansiedad. ¿Por qué la sensación de ansiedad es tan horrorosa? ¿Te preocupan los efectos físicos, como las enfermedades peligrosas o lo que los
demás harán cuando te sientas así? El pronóstico de:
«Me pondré tan ansioso que los demás me abandona-

rán» es otra certeza extrema que puedes comprobar. También podrías buscar indicios de lo contrario: «Me pondré ansioso, pero los demás no se inquietarán.» «Me quedaré sin aliento, me asfixiaré y moriré» es otro ejemplo de una certeza extrema y en este caso podrías considerar otra opción: «Sentiré que me falta el aire pero no dejaré de inspirar lo suficiente para sobrevivir.» Ello te permite ponerte nervioso y centrarte en lo siguiente: «¿Tiene el impacto que imaginé o podré enfrentarme a ello pese a todo?»

6. *Este miedo, ¿es normal?* Si la situación a la que te enfrentas pondría nervioso a cualquiera, quizás experimentes un miedo normal. Ejemplos de ellos son hablar en público o transitar por zonas donde abunda la delincuencia. Una manera de averiguarlo sería preguntar a otros si esa situación los pondría o no nerviosos. Tal vez se enfrenten a su ansiedad de un modo diferente y tú podrías aprenderlo.

Mi ansiedad no está relacionada con mis «certezas», se limita a ser una sensación física insoportable.

Algunos dicen que su sensación de ansiedad a veces es tan extrema que resulta insoportable e indescriptible: una sensación de fatalidad inminente difícil de expresar. A quienes experimentan un miedo normal pero nunca han tenido grandes problemas de ansiedad les resulta muy difícil comprender esa sensación. Quizá tú la sientas en ciertas ocasiones. Te sugiero algunas opciones para enfrentarte a esa experiencia. La primera consiste en preguntarte si ahora mismo necesitas ponerte en una situación que provoca esa sensación extrema. A fin de cuentas, el plan consiste en no apresurarte y empezar por enfrentarte a una ansiedad moderada. ¿Puedes fijarte una meta más alcanzable? También puede que creas que sentirás lo mismo incluso en una situación menos aguda. ¿Podrías comprobarlo? Tal vez esa sensación extrema no se produzca cada vez y al probar situaciones diferentes y menos amenazadoras puedas comprobar si se produce o no. Sin embargo, a veces es difícil evitar situaciones que hacen que te sientas así. Si es así, intenta pensar lo siguiente: «¿Qué es lo que realmente temo que pueda suceder?» Vale, te resulta insoportable, así que, ¿qué pasaría si no lo pudieras soportar? ¿Qué podría ocurrirte? ¿Puedes comprobar si ocurre o no? Finalmente, echa un vistazo al paso seis del plan en diez pasos: allí hay información sobre cómo lidiar con los «picos» de ansiedad. Quizá parezca que has de hacer algo para enfrentarte a esos sentimientos de ansiedad intolerables. ¿Qué pasaría si te limitaras a notar esa sensación? A lo mejor llega un día en que quieras comprobarlo.

Estoy ansioso por un motivo importante.

Algunos pueden tener problemas de ansiedad y encontrarse en una situación muy estresante y desagradable. Por ejemplo: puede que recientemente hayan sufrido la pérdida de un familiar o estén sufriendo una enfermedad crónica terminal. Si te encuentras en esa situación desafortunada, has de admitir tu pérdida. Estás sufriendo y ése es un motivo aún mayor para tratarte con consideración. Si te preocupan las consecuencias, vuelve al capítulo 8: puede que te sea útil. Piensa si conoces a alguien con quien hablar y que te escuche sin juzgarte ni interferir, como un orientador, un terapeuta u otra persona que te apoye (véase capítulo 12). El personal de las líneas telefónicas de ayuda también está bien formado para hacerlo. A algunas personas les ayuda apuntar sus dificultades, y hay estudios que demuestran que eso puede ayudarles a enfrentarse a las experiencias traumáticas. Parte del aprendizaje de enfrentarte a una desgracia real es saber qué has de aceptar que esté fuera de tu control y qué puedes hacer pese al problema. El capítulo 11 trata de este enfoque. Muchos aprenden a enfrentarse mejor a sus problemas pese a haber sufrido una pérdida reciente o a sufrir problemas importantes.

No logro hacer frente a mis ideas más negativas porque son muy insoportables.

Tal vez algunas personas consideren que es imposible comprobar la realidad de sus ideas más profundas y amenazadoras; puede que ni siquiera reconozcan que las tienen y que traten de reprimirlas en cuanto surgen. Quizá sean ideas malvadas o inmorales, como pegarle a alguien o abusar de alguien, o miedos tan terribles que experimentarlos parezca insoportable. Hará falta mucho valor para reconocer que las tienes. Una manera de pensar acerca de este obstáculo es reflexionar acerca de cuán poderosa puede ser una idea. ¿Acaso pensar en hacer algo malo realmente significa que eres un malvado? ¿Pensar en algo verdaderamente aterrador hará que ocurra? Un estudio (Rachman & De Silva, 1978) descubrió que la gran mayoría de las personas tiene ese tipo de pensamientos. Sin embargo, a los únicos a quienes eso les preocupaba era a los que tenían «trastornos». De algún modo, la mayoría parece ser capaz de desprenderse de semejantes ideas, y no se juzgan por tenerlas. Por ejemplo: ¿acaso crees que Stephen King, el célebre autor de novelas de horror, es un malvado? Jamás cometió un delito y lleva una vida feliz. Sin embargo, debe permitirse pensar en las cosas más morbosas del mundo para poder escribir sus novelas. ¿En qué se diferencia de los demás?

Me siento culpable: curarme no es aceptable para mí.

A menudo, cuando alguien empieza a encontrarse mejor, se siente culpable. Suele haber un excelente motivo. Por ejemplo: si alguien ha experimentado un trauma grave que hizo sufrir mucho más a los demás, encontrarse mejor podría parecerle mal cuando los demás siguen sufriendo. Esos sentimientos de culpa pueden ser un obstáculo muy grande para la recuperación. A veces las personas son capaces de combinar la ayuda a sí mismos con la ayuda a otros, y así esa diferencia se reduce. Si alguien ha muerto, la recuperación depende de empezar a aceptar la pérdida, llorarla, compadecerla y llegar a un punto donde la pérdida se acepta y se comprende. Así que para algunos, enfrentarse a la ansiedad también supone una lucha para enfrentarse a la pérdida, y sentirse menos ansioso va junto con aceptar gradualmente lo que ha ocurrido. A veces resulta útil contemplarse a uno mismo desde la perspectiva del otro. ¿Querrían que sufra así? ¿Qué reacción mía les haría justicia? ¿Cómo evitar que esto le pase a otro en el futuro? A menudo, encontrarse con personas que han pasado por experiencias similares y han salido indemnes puede ser de gran ayuda.

De momento, todo lo que me ocurre es demasiado abrumador.

Hay momentos de angustia extrema en que resulta difícil enfrentarse a la ansiedad a solas o mediante un libro de autoayuda, porque éstos cuentan con que haya momentos en los que puedas sentarte, leer, absorber y reflexionar acerca del contenido del libro; durante la angustia extrema eso es imposible. Si sientes una ansiedad constante o sufres ataques de pánico agudos todos los días, sería aconsejable que buscaras ayuda inmediata. Y de un modo similar, si sufres una depresión aguda o a menudo piensas en el suicidio, éste no es el momento de usar un libro de autoayuda, porque requieres ayuda inmediata. En el primer caso, visita a tu médico de cabecera o a tu asistente social, si es que tienes uno, y si no estuvieran disponibles acude a urgencias del hospital más cercano.

¡Los demás no han reconocido mis logros!

Los demás no se percatan de los logros graduales que puedes alcanzar durante un programa de este tipo. Puede ser muy frustrante, pero intenta considerar tu progreso desde la perspectiva de otras personas. ¿Acaso siempre pueden notar los cambios sutiles que realizas, como en qué centras tu atención o si estás usando una conducta de seguridad discreta (como tensar los músculos)? Si los demás fueran muy críticos con tu progreso, echa otro vistazo al capítulo 9 para ver cómo reaccionar. Puede que a veces los demás sugieran que enfoques tus problemas de un modo que no encaja con el enfoque de este libro, por ejemplo diciendo: «¡Has de hacer un auténtico esfuerzo!»

Tienen derecho a hacer sugerencias y quizá decidas probarlas. Sin embargo, tal vez sugieran que hagas algo que ya has probado y que no funcionó. Si fuera así, puede ser frustrante pero ten en cuenta que intentan ayudarte y, sin leerte el pensamiento (¡algo de lo cual es incapaz incluso un terapeuta!), no puedes esperar que se les ocurra el consejo idóneo para ti.

Puntos clave

- Aprender a enfrentarse a la ansiedad lleva tiempo.
- Seguirás sintiendo ansiedad incluso tras haber progresado un poco.
- Si toleras la ansiedad y no intentas controlarla, puede desaparecer con el tiempo.
- Una parte de aprender a enfrentarse a la ansiedad supone poner en práctica lo que has leído.

11

Vivir una vida que valoremos

> Otórgame la serenidad necesaria para aceptar lo que no puedo cambiar, el valor necesario para cambiar lo que puedo cambiar y la sabiduría necesaria para diferenciar entre ambas cosas.
>
> SAN FRANCISCO DE ASÍS

> El valor no es la ausencia de miedo, sino más bien juzgar que otra cosa es más importante que el miedo.
>
> AMBROSE REDMOON

> A menudo se dice de tal o cual persona que aún no se ha encontrado a sí misma. Pero el ser no es algo que se encuentre, es algo que uno crea.
>
> THOMAS SZASZ

El objetivo de este capítulo es aunar lo que he escrito en los capítulos anteriores y conformar una única filosofía, o enfoque, frente a la vida. En esencia, creo que los temas clave de este libro son los siguientes:

1. Hay algunas cosas que casi no podemos controlar.
2. Hay algunas cosas que podemos controlar bastante.
3. Podemos avanzar eligiendo lo que mejor se adapta a
    nuestras necesidades en las áreas que controlamos,
    y aceptando lo que no podemos controlar y dejando
    de aferrarnos a ello. Con el tiempo, podremos hacer-
    lo mejor.

Al principio, el punto 1 quizá parezca pesimista. ¿De
qué sirve saber que hay cosas que casi no podemos controlar? A lo mejor existen diversas razones. En primer
lugar, nos permite priorizar y centrarnos en lo que sí podemos controlar en vez de malgastar tiempo y energía tratando de controlar aquello que no podemos. Por ejemplo:
si no podemos controlar la sensación física de ansiedad,
podemos centrarnos en algo más importante, como ser un
buen padre/madre o amigo. En segundo lugar, nos permite comprobar la realidad de aquello que tememos. Si
abandonamos el intento de controlar nuestras sensaciones, comprenderemos que no se descontrolan por sí mismas. En tercer lugar, nos permite comprender que tratar
de controlar todo lo que nos ocurre no funciona. No podemos ejercer un control total sobre nuestras ideas y sensaciones, ni sobre los actos de los demás. Los intentos más
extremos de ejercer control incluyen las críticas, el *bullying* y el matonismo. Si abandonamos el intento de controlar todo aquello que no podemos controlar, podremos
tratar de ser menos perfeccionistas y aprender a aceptar
la incertidumbre, los errores y el conflicto interior. Creo
que de vez en cuando es necesario que los aceptemos porque es a partir de ellos que descubrimos nuevas maneras
de enfrentarnos a ellos en el futuro. Gran parte de este li-

bro trata del hecho de centrarse en esa incertidumbre, porque a partir de la incertidumbre quizá surjan nuevos modos de encarar un problema.

Incrementar la aceptación de la incertidumbre - Laura

> Con el paso del tiempo, he comprendido que la vida es incierta y he empezado a aceptarlo. En el pasado no comprendía que eso fuera posible, lo que me llevó a pasar años en el desconcierto y el limbo. Hoy puedo decir que un día llegaré a aceptar la incertidumbre de la vida, y eso es muy importante.

Hay otras cosas que en general logramos controlar en la vida. Para comprenderlo, hemos de ser conscientes de ellas. Lo más fundamental que típicamente logramos controlar es aquello en lo que nos centramos: lo que elegimos mirar, escuchar, oler, saborear y sentir. Aun así, hay límites. No podemos contemplar un panorama bello si algo obstruye nuestra visión, ni escuchar música suave si hay ruido de fondo. Así que podemos controlar algunas de nuestras experiencias de forma más activa. Éstas incluyen obtener nueva información, ropa abrigada, comida sabrosa, descanso reparador, viajes placenteros, tomar el sol y dar paseos vigorizantes. Una vez más, a veces algunos están limitados, por ejemplo: puede que no te agrade pasear bajo una lluvia torrencial. Así que, hemos de recapacitar. ¿Qué puedo controlar, dados los límites? Ésa es la idea en la que se basa el incremento gradual de nuestros objetivos. Nos ayuda a centrarnos en lo alcanzable. No ejercemos un control total sobre los demás, pero a menudo podemos compartir experiencias de proximidad, disfrute, amabilidad y aprendizaje con otras personas. Ésas son algunas de las cosas que intentamos desarrollar, pese a las que no podemos controlar. Se convierten en nuestras virtudes, talentos, valores y recursos. Al final de este capítulo hay una tabla para que los registres a lo largo del tiempo.

Como insinúa la afirmación de San Francisco de Asís, no siempre resulta fácil saber qué puedes controlar, así que quizá sea mejor no suponer que algo está completamente fuera de nuestro control y tampoco que podemos controlarlo por completo. A menudo, al reflexionar acerca de una situación de un modo detallado, hay algo que puedes hacer y con el tiempo aprenderás a enfrentarte a ésta conforme pruebes nuevos modos de pensar y actuar. He diseñado el plan en diez pasos con el fin de que el proceso sea lo más sistemático posible, pero a lo mejor tienes tus propias ideas al respecto. Quizá descubras que a medida que notas tus virtudes, recursos y valores, adquieres una mayor confianza al enfrentarte a tus sensaciones de ansiedad que conforman la base del plan en diez pasos. No hace falta correr antes de aprender a caminar. Los primeros éxitos en tus intentos de enfrentarte a tu ansiedad aumentarán tu capacidad de hacerlo.

Cómo desarrolló Janet sus virtudes, recursos y valores

> Con el tiempo, adquirí una confianza mayor. Me apunté a un curso de informática y aprobé tres exámenes. Conseguí un trabajo detrás de una barra y lo desempeñaba bien (jamás lo habría creído posible en el pasado). Ahora

trabajo en los servicios sociales de mi comunidad. He de conducir hasta lugares que no me son familiares y atravesar numerosos semáforos. La radio del coche supone una ayuda y sigo teniendo que llevar una botella de agua. Sigo sintiendo ansiedad de vez en cuando pero me enfrento a ella. Los días del pasado fueron muy oscuros y lamento no haber buscado ayuda antes, pero creo que las cosas ocurren por un motivo y ahora me he vuelto más comprensiva en mi trabajo porque sé lo que es la falta de confianza y sentir que tu autoestima es inexistente.

Compromiso y cambio

Conforme optes por avanzar hacia tus metas, a la larga demostrarás tu compromiso. Puedes optar por no registrarlas, o por llevar un diario o un cuaderno de notas. Este libro te ofrece tres maneras diferentes de registrar tu progreso: la tabla para registrar las oportunidades en las que usas el plan en diez pasos (al final del capítulo 7), con un espacio para apuntar lo que has aprendido, y al final de este capítulo aparece el registro de las experiencias que reflejan virtudes, cualidades y recursos que podrás copiar cada vez que quieras usarlo. Quizá te resulte útil hacer una lista de los principales valores con los que te has comprometido y registrar tu compromiso en la tabla que figura a continuación. Es un registro mejor para el largo plazo. Ejemplos de valores podrían ser: «ser amable con los demás», «educar a los demás», «tener experiencias nuevas y satisfactorias», e «incrementar mi saber». En la columna de la derecha podrás apuntar las cosas que haces que encajan con estos valores. Finalmente, la escala que figura al final del capítulo 3 («Siete certezas útiles») te servirá para comprobar cómo las certezas útiles que albergas acerca de ti mismo y acerca de otras personas cambian con el tiempo.

Tabla 11.1 Mis valores

¿Qué valoro en la vida? ¿Quién es importante para mí? ¿Cuáles son mis principios?	¿Cómo vivo mi vida según estos valores?
1.	1.
2.	2.
3.	3.
4.	4.
5.	5.

Virtudes, cualidades y recursos

Es muy fácil olvidar las virtudes, cualidades y recursos que poseemos. Esta tabla está dividida en diversas virtudes y recursos, con ejemplos de actos que podrían reflejar dicha cualidad. Cuando tu confianza sea baja, quizá te resulte útil señalar estos actos a medida que los vayas realizando. Cada vez que lo hagas, reflejará una virtud o un recurso que recuperas o desarrollas.

Tabla 11.2 Virtudes, cualidades y recursos

Cuidados	
Me he cuidado de algún modo (p. ej., baño, ducha, comida rica)	☐
Me he elogiado por algo que he hecho hoy	☐
He escuchado los problemas de otra persona	☐

He ayudado a otro en una tarea ☐
He proporcionado información o consejos útiles a otra persona ☐
He agradecido a otro algo que dijo o hizo ☐
Hoy me he cuidado de una planta, un animal o una persona ☐

Talentos

He hecho algo en el hogar (p. ej., limpiar, trabajar en el jardín,
ordenar, cocinar) ☐

He hecho algo que me gusta (p. ej., leer, ver televisión,
practicar un deporte, jugar) ☐

He creado algo que me gusta (p. ej., un dibujo, un cuadro,
una canción, un cuento, un adorno) ☐

He trabajado un poco, o he avanzado un paso en un plan
que tengo ☐

Experiencia

He recordado algo bueno o agradable que hice en el pasado ☐
He recordado un hecho o un talento que me resultará útil ☐

Saber

He aprendido algo a partir de un libro, una revista, un diario,
la televisión o internet ☐

He aprendido algo hablando con otra persona ☐

Comunicación

He mantenido una conversación en persona o por teléfono ☐
Hoy he escrito una carta o enviado un *e-mail* ☐

Relaciones

He hecho algo agradable con otra persona ☐
He trabajado en algo con otra persona ☐
Me he reído de algo con otra persona ☐

Enfrentarme a mis problemas	
He hecho algo que quería hacer pese a mi ansiedad	☐
He hecho lo que he podido en una situación y me he quedado satisfecho con lo logrado	☐
He sido sincero conmigo mismo acerca de mis sentimientos	☐
He retrocedido frente a una situación difícil y he reaccionado de un modo distinto de lo habitual	☐

Puntos clave

- Es útil comprender que hay cosas que casi no podemos controlar.
- Es útil centrarse en lo que sí se puede controlar.
- Es útil tomar nota de las incertidumbres, los errores y los conflictos para que puedan surgir nuevas maneras de pensar sobre un problema y hacerle frente.
- A medida que nos afirmemos en aquello que podemos controlar y abandonemos lo que no podemos controlar, podremos vivir según los valores que hemos elegido recurriendo a nuestras virtudes, cualidades y recursos.

12

Tratamientos para fobias y trastornos de ansiedad: ayuda profesional

En el pasado, cuando la religión era poderosa y la ciencia débil, los hombres confundían la magia con la medicina; hoy, cuando la ciencia es poderosa y la religión débil, los hombres confunden la medicina con la magia.

THOMAS SZASZ

No hay un remedio mejor que la esperanza, no existe un incentivo tan grande ni un tónico tan potente como la esperanza en un mañana mejor.

ORISON SWETT MARDEN

Muchas personas con problemas de ansiedad ya habrán buscado algún tipo de ayuda, y mientras lees este libro, quizá sea útil que intentes encontrar una ayuda más directa. Sin embargo, el tipo de ayuda disponible varía bastante. Parecería que por regla general, ninguna fuente de ayuda te proporcionará todo lo que necesitas, pero con frecuencia podrás obtener algo útil de cada una de ellas. Tal vez lo mejor sea ir probando. Quieres encontrar algo que te funcione, así que si te comprometes por completo con el enfoque de un individuo es improbable que te resulte totalmente adecuado. He aquí algunas ideas que hay que tener en cuenta al investigar las fuentes que pueden proporcionarte ayuda profesional.

Grupos de apoyo

Más allá de los libros de autoayuda como éste (y otros enumerados en la lista del apéndice 5), quizás el próximo paso sería encontrar un grupo de apoyo. Son positivos porque están acostumbrados a recibir miembros con puntos de vista diferentes, y tienden a fomentar la discusión y los debates. Muchos disponen de programas de tratamiento, a veces individuales y otras en grupos de la localidad o a través del teléfono.

La profesión médica

En muchos casos, el médico de cabecera será el primero a quien le hayas hablado en detalle de tus temores y fobias. Representa un primer contacto valioso para quienes sufren problemas de ansiedad y puede recetar medicación para el alivio a corto plazo de los síntomas. En el caso de problemas de salud mental más graves, como la depresión aguda, en general se ofrece medicación como tratamiento principal a largo plazo y a menudo los problemas de ansiedad no se tienen en cuenta para tratarlos por separado. En general, quienes sufren problemas más graves son derivados a un psiquiatra (un médico especializado en problemas de salud mental) y se reúnen regularmente con los coordinadores de salud, que suelen ser enfermeras especializadas en salud mental o asistentes sociales. La mayoría de los médicos son conscientes de que un tratamiento a largo plazo de los problemas de ansiedad requiere una terapia psicológica o un programa de autoayuda, y muchos se sienten frustrados por la falta de recursos que puede limitar su capacidad de derivar a sus pacientes a un terapeuta.

Algunos miembros de la profesión médica quizá tengan una menor conciencia de lo evidente que resulta la necesidad de un tratamiento psicológico para la ansiedad, u opiniones un tanto rígidas acerca de la capacidad de cambio de las personas, y eso puede proporcionar a los pacientes un punto de vista demasiado pesimista acerca de su situación, o hacerlos entrar en conflicto con su médico. Si fuera tu caso, podrías tratar de encontrar otro médico o participar en un grupo de tu localidad cuyos miembros tampoco estén conformes con su servicio de salud.

Es comprensible que los especialistas en ciertos campos crean que la causa de los problemas reside en el campo que ellos dominan. Sin embargo, tal vez no estén familiarizados con otras áreas, así que has de mantener una actitud abierta si un profesional médico te sugiere que la causa de tu problema es sencilla, o permanente. Resulta más importante cómo puedes ayudarte a ti mismo ahora, más que descubrir la causa profunda de tu problema.

Terapia Cognitiva Conductual (TCC)

La TCC es el principal tipo de terapia disponible, así que quizá resulte útil que dedique algunas páginas a explicarte lo que puedes esperar si te interesa emprender este tipo de terapia. La terapia cognitiva fue desarrollada por Aaron T. Beck en los años cincuenta y sesenta del siglo pasado, y en los setenta y ochenta se fusionó con el campo de la terapia conductual para formar la TCC. Hoy en día, diversos profesionales de la salud llevan a cabo muchos tipos de TCC y ésta no deja de evolucionar. No obstante, puede que reconozcas algunas de las ideas abarcadas en este libro en la descripción de la TCC que aparece a continuación.

La TCC requiere que el terapeuta y el cliente formen un buen equipo y que trabajen juntos para comprender las dificultades del cliente y qué podría influenciarlas. El terapeuta puede ser considerado un experto en la TCC mientras que el cliente lo es en cuanto a su propia vida y experiencias. Ambos resultan vitales para comprender el problema. Para resolver un problema es útil saber cuál es la meta, así que el terapeuta y el cliente se ponen de acuerdo sobre la meta desde un principio. Intentan establecer un reducido número de metas mensurables, realistas y alcanzables. Las grandes tareas se dividen en pequeños pasos que mediante pequeñas victorias conducen a la recuperación.

El terapeuta se centra sobre todo en temas actuales, pero a menudo visita el pasado para obtener información acerca del presente, para comprender cómo se desarrollaron los principales problemas del cliente. El punto de partida consiste en la explicación dada por el cliente. Las sesiones de TCC suelen durar cincuenta minutos con una frecuencia semanal, pero es posible llegar a otro acuerdo. Que ambos sepan lo que está ocurriendo forma parte del trabajo de equipo, así que al principio de una sesión, el terapeuta y el cliente acuerdan a qué dedicarán los cincuenta minutos. A veces resulta útil incluir a miembros de la familia, amigos y otros trabajadores de la salud en las sesiones de TCC.

La TCC no te enseña a «pensar de manera positiva» ni a eliminar la angustia. En cambio fomenta el pensamiento «equilibrado», ayuda a que tomes nota de tu entorno, tus ideas y sensaciones y la relación entre ambas. A partir de ahí puedes desarrollar modos de ver el mundo y enfrentarte a éste más útiles para ti. En la vida cotidiana, puede parecer que todo ocurre simultáneamente. La TCC ayuda a desenredar experiencias, lo que facilita su comprensión. Mediante la ayuda del cliente, el terapeuta desarrolla un plano psicológico (a veces denominado formulación o modelo), que supone una comprensión conjunta de los problemas del cliente y qué puede provocarlos. Este plano suele albergar ideas, estados de ánimo, conductas, cambios corporales y aspectos del entorno (incluida la conducta de otras personas).

La TCC tiene un límite temporal. Lo normal es ofrecerle al cliente un número fijo —pero negociable— de sesiones, a menudo entre diez y veinte, pero a veces más. La terapia está diseñada para evitar problemas futuros, así que al llegar al final de las sesiones, terapeuta y cliente trabajan conjuntamente para producir un esquema de lo que han abarcado y un plan para enfrentarse a las dificultades que quizá surjan en el futuro. El objetivo de la TCC es ayudar a las personas a usar sus propias virtudes y a desarrollar otras que los capaciten para hacer frente a futuros problemas sin la ayuda de la terapia.

La experiencia de Rasheeda con la TCC

En el transcurso de la TCC que emprendí, mi terapeuta y yo generamos un plano de mis pensamientos, sensaciones y conductas cuando encontraba una araña en mi hogar. Antes de la terapia, siempre me centraba en lo que sentía al encontrarme con la araña, y también creía que mi conducta me ayudaba a hacer frente a esas sensaciones, pero en realidad, en general, el efecto de mi conducta era exactamente el contrario: me ayudaba a conservar el temor. Por ejemplo: mantenerme alejada de la araña y recorrer la casa pensando cómo deshacerme de ella sólo incrementaba mi ansiedad. Al evitar mirarla, nunca descubrí que, si seguía mirándola unos segundos más, mi ansiedad disminuiría a medida que disminuía el nivel de adrenalina. Y lo más importante: el hecho de encontrar a otro que se deshiciera de la araña confirmaba mis sospechas de que era incapaz de enfrentarme a mis temores y jamás descubrí que podía hacerlo.

También descubrí que mi conducta afectaba a mis pensamientos y sensaciones con respecto a la experiencia. Por ejemplo: el hecho de inspirar profundamente varias veces me daba la sensación de estar hiperventilando y me provocaba una ansiedad aún mayor. Y regresar una y otra vez a la habitación para ver qué hacía la araña confirmaba la idea de que la araña me estropearía el día y me impediría dormir.

Gracias al hecho de identificar todas estas conductas logramos confeccionar una lista de conductas e ideas que resultarían de ayuda, como imaginar que la araña se movía, para estar mejor preparada a enfrentarme a mi ansiedad cuando lo hiciera de verdad, y también centrarme en la araña y su entorno y tolerar la sensación hasta que la ansiedad disminuyera.

Desde la TCC, mi ansiedad se ha reducido considerablemente y el plano tuvo un papel muy importante.

Otros tratamientos psicológicos

La mayoría de los tratamientos psicológicos proporcionados por tu servicio de salud se basarán en evidencias, es decir que funcionan para muchas personas, de modo que si no tienes acceso a la TCC, puede que otro tipo de terapia te resulte útil. Entre éstas se encuentra la terapia conductual, familiar, cognitivoanalítica y algunos tipos de terapia psicodinámica. Es importante que tu terapeuta sepa el tipo de terapia que te propondrán y que pueda explicarte de qué manera lo que trabajas con tu terapeuta encaja con la descripción de la terapia. Una vez que dispongas de un nombre para la terapia que te ofrecen, podrás leer algo más al respecto. Si es la TCC, el terapeuta debería ser capaz de explicarte la manera en la que aquello en lo que ambos trabajáis encaja con los principios de la TCC abarcados en este libro. Quizás en algunas ciudades te ofrezcan orientación. Una vez más, aunque ello no suponga un tratamiento en sí, tal vez te veas agradablemente sorprendido y descubras que resulta útil.

Optar por medicarte o no

No soy un experto en este campo, así que me limitaré a ofrecerte algunos detalles. Los libros, sitios web y grupos de usuarios enumerados al final del libro te proporcionan más detalles. Pueden ofrecerte muchos tipos de medicación, cada uno para diferentes tipos de síntomas, pero hay unos principios generales que has de tener en cuenta:

1. *¿Dispongo de toda la información necesaria acerca de esta medicación?* Si piensas tomar una sustancia que alterará tu estado de ánimo, querrás estar bien informado y puede que te plantees las siguientes preguntas:

   - ¿Es éste el tratamiento recomendado para mis problemas o me estoy perdiendo el tratamiento básico? Como el tratamiento básico para los problemas de ansiedad y depresión ligera suele ser un tratamiento psicológico, es probable que la medicación no sea lo indicado. Sin embargo, a muchos les resulta útil. Incluso si el tratamiento básico no está disponible, tenerlo en cuenta resulta importante.
   - ¿Cuál es el objetivo de esta medicación? ¿Ayudarme a dormir, reducir mi ansiedad, aliviar los síntomas de la depresión?
   - ¿Cuánto tiempo durará? Quizá quieras estar preparado para dejar la medicación con el tiempo, así que sería positivo que averiguaras cuáles son los síndromes de abstinencia. A menudo suponen el regreso de los síntomas de ansiedad.
   - ¿Cuáles son los efectos secundarios de esta medicación? Es una pregunta difícil de responder porque varían según las personas, lo cual conduce a una interminable lista en el folleto del medicamento, aun cuando la totalidad no experimenta la mayoría de los efectos secundarios enumerados. Sin embargo, al-

gunos medicamentos tienen efectos secundarios comunes, como el aumento de peso, que merece la pena saber.

2. *¿Cuáles son las ventajas y las desventajas de tomar esta medicación?* Gracias a la información mencionada anteriormente, podrás decidir si quieres tomar la medicación. Haz una lista de las posibles ventajas y desventajas para sopesarlas. Una opción consiste en tomar un medicamento durante un tiempo y ver qué pasa. En última instancia, eres tú quien juzgará si el medicamento funciona. ¿Notas una mejoría tras empezar a tomarlo? Otra opción consiste en tratar de enfrentarte al problema de otras maneras, como las mencionadas en este libro, y regresar a la medicación si éstas no funcionan.

3. *Has de estar dispuesto a tomar la medicación tal como está indicado.* Si la tomas como te la han recetado, podrás comprobar si funciona, pero si no lo haces o dejas de tomarla, será difícil saber si hubiera funcionado. También has de tener en cuenta que empezar a tomar la medicación y después interrumpir la ingesta podría provocarte otros cambios corporales que notarás.

4. *El efecto placebo.* Algunas personas mejoran al tomar pastillas aunque éstas no contengan ningún principio activo. Merece la pena recordarlo si tu reacción al medicamento es buena. En parte puede deberse al medicamento y en parte a tu fe en que funcione. De hecho, hay indicios de que la certeza de que un placebo funcionará puede tener un efecto químico directo en el cerebro que hace que los síntomas mejoren. Algunos estudios han

descubierto que las personas «tratadas» con un placebo liberan una mayor cantidad de dopamina, la sustancia química que mejora el estado de ánimo, y éste es otro ejemplo del vínculo entre la mente y el cuerpo descrito en este libro.

5. *Ansiolíticos (sedantes).* Puede que a quienes tengan problemas de ansiedad les ofrezcan una medicación que alivie la dificultad de conciliar el sueño o los síntomas de la depresión. En la mayoría de los casos, estos tratamientos no parecen interferir con los tratamientos psicológicos. Sin embargo, hay indicios de que la medicación que elimina los síntomas de ansiedad (por ejemplo, las benzodiacepinas) en realidad dificulta la recuperación a largo plazo de los problemas de ansiedad. Debido a estos indicios, la medicación ansiolítica ya no se recomienda para tratar trastornos de ansiedad. Así que si tu médico te ofrece algo para eliminar tu ansiedad, pregúntale si el remedio pertenece a este grupo. Hay numerosas personas a las que les recetaron estos medicamentos hace muchos años y aún los toman. Véase la siguiente sección para informarte acerca de cómo dejar una medicación.

6. *Tolerar la ansiedad.* Muchos de los que sufren problemas de ansiedad quieren tomar un remedio que reduzca la sensación de ansiedad o que la elimine por completo. En este sentido, tomar la medicación es un tipo de «conducta de seguridad». Éstas son muy comprensibles y a largo plazo pueden suponer un puente útil hacia la capacidad de enfrentarse mejor a los problemas. No obstante, hemos comprobado que aprender

a hacer frente a los problemas en parte supone enfrentarse a esas sensaciones y aprender a tolerarlas. Si puedes intentarlo mientras tomas una medicación, entonces las estrategias para enfrentarte a tus problemas podrían ser igual de útiles.

Dejar la medicación

Las personas pueden tener muchos buenos motivos para dejar la medicación, incluido una mayor independencia, los efectos secundarios y un deseo de seguir enfrentándose mejor a los problemas. Para algunos, ocurre de un modo natural cuando empiezan a enfrentarse a su ansiedad, lo opuesto a lo que trataban de hacer cuando empezaron a medicarse. Un modo de ver el hecho de dejar de tomar una medicación que has tomado durante mucho tiempo es que se parece a dejar una conducta de seguridad o a enfrentarte a una situación angustiosa nueva. Eso se debe a que los síndromes de abstinencia más comunes suponen la reaparición de los síntomas de ansiedad. Eso significa que es un proceso difícil, así que tal vez quieras abordar el dejar la medicación del mismo modo sistemático y gradual que al realizar el plan en diez pasos. De hecho, a lo mejor bastará con enfrentarte a la misma situación anterior, pero después de reducir un poco la medicación. Ello supone un paso en sí mismo. Después, cuando hayas completado el plan para ese nivel de medicación, y cuando estés preparado para avanzar, utiliza la siguiente reducción como el próximo que vas a dar. Toma nota de que durante este tiempo no es necesario que emprendas ningún desafío: reducir la medicación ya supone un desafío suficiente. Al igual que en el plan en diez pasos, lo ideal es dar un paso pequeño, así que tal vez tendrás que descubrir el modo de reducir la medicación poco a poco, durante un período prolongado. Quien te la recetó debería estar dispuesto a ayudarte, sobre todo si comprueba que tienes un plan específico. Eres tú quien decide reducir la medicación, y para ayudarte a tomar la decisión, podrías enumerar las ventajas y las desventajas de dejar la medicación, teniendo en cuenta algunas de las cuestiones relacionadas con aquellas a las que me he referido con anterioridad.

Puntos clave

- Los grupos de apoyo suponen una buena fuente de información y algunos proporcionan tratamiento.
- Hay pautas que sugieren una terapia psicológica (sobre todo TCC) como tratamiento básico para los problemas de ansiedad.
- La TCC es una terapia breve en la que el terapeuta y el cliente trabajan juntos con el fin de tratar de comprender qué provoca la ansiedad y desarrollar mejores maneras de enfrentarse a ella.
- Merece la pena apuntarse a una lista de espera para obtener una terapia TCC.
- Otros tratamientos psicológicos, incluida la orientación, pueden ser útiles.
- Procura obtener la información necesaria para decidir si merece la pena tomar medicación.
- Dejar la medicación es un proceso gradual, parecido a enfrentarse a una nueva situación angustiosa.

13

Últimas palabras

Puedes progresar todos los días. Cada paso que des puede ser fructífero. Pero ante ti se extiende un sendero cada vez más largo, más escarpado y que supone un progreso cada vez mayor. Sabes que jamás llegarás al final del trayecto. Pero esto, en vez de desanimarte, sólo aumenta la alegría y la gloria de la escalada.

SIR WINSTON CHURCHILL

Por mi parte, no sé nada con certeza, pero ver las estrellas me hace soñar.

VINCENT VAN GOGH

¡Uf! ¡Has llegado al final!

Supongo que aun cuando hayas llegado hasta aquí (¿o estás echando un vistazo antes de terminar el libro?), todavía sufres conflictos e incertidumbres. En parte consideras que el libro es útil, pero creo que en parte piensas que no es tan útil como podría ser porque a lo mejor eres diferente y las palabras del libro no encajan exactamente con tus propios temores.

Si ése es tu estado de ánimo, es un estado de ánimo positivo: parcialmente optimista, parcialmente escéptico. Tienes razón si consideras que el libro no explica tu apuro con exactitud: es normal, puesto que eres único. Los temores de todos son diferentes. Sin embargo, si logras encontrar las partes del libro que encajan contigo, las experiencias que compartes con los demás, entonces habrás empezado a usar el libro y ver cómo enfrentarte mejor a tus problemas, como lo han hecho otros. Llevará cierto tiempo o quizá te impulse a buscar algo que funcione para ti en otro lugar (el capítulo 12 proporciona algunas ideas).

Espero que sea cual sea tu estado de incertidumbre, el libro haya hecho que consideres un par de cosas: que no eres el único que sufre problemas de ansiedad; que tus problemas son reales pero que es posible comprender mejor algunos de ellos; que puedes empezar a cuestionar ciertas certezas que albergas desde hace mucho tiempo y que puedes albergar cierta esperanza y optimismo con respecto al futuro, pese a los reveses que quizás aparezcan en tu camino.

Te deseo lo mejor. ¡La próxima fase sólo depende de ti!

Apéndices

El material de los apéndices, así como las tablas del libro y una mayor información están disponibles en forma electrónica en el sitio web (en inglés):

www.oneworld-publications.com/fears

Apéndice 1

Introducción escalonada
a los síntomas de las fobias

A continuación figuran algunas de las experiencias sufridas por quienes están estresados, ansiosos o temerosos. Todas son habituales durante el estrés y en sí mismas no indican debilidad, ni enfermedad mental ni física, sin embargo pueden resultar muy aterradoras la primera vez que las experimentas porque son muy inusuales y a veces muy vívidas. Afortunadamente todas son pasajeras y su intensidad se reduce al cabo de un rato o cuando estás menos estresado.

¿Has notado estas sensaciones cuando no estabas ansioso?

Más adelante figuran algunas explicaciones posibles de las experiencias que muchos cuentan haber tenido al sentirse ansiosos o temerosos.

Taquicardia

Un corazón eficiente y sano late más deprisa cuando ha de hacerlo.

Cuando piensas en algo peligroso, tu cuerpo libera

adrenalina y ésta acelera los latidos del corazón. Ello te prepara para «huir o luchar». ¿Estabas pensando en algo aterrador justo antes de notar que tenías taquicardia?

Cuando tu actividad física aumenta, el corazón te late más deprisa para enviar más oxígeno a los músculos. ¿Has hecho algún esfuerzo?

Ciertas sustancias químicas, como la cafeína, aceleran el ritmo del corazón. ¿Has bebido más té o café que de costumbre? ¿O alguna otra cosa que tenga el mismo efecto?

¿Sentirías lo mismo si estuvieras agitado en vez de ansioso? Si es así, ¿en qué consiste la diferencia? ¿En tus sensaciones o en tu interpretación de las mismas?

Te sobresaltas con facilidad o te sientes «nervioso»

Una de las maneras en las que nuestro cuerpo nos prepara para hacer frente al peligro es aumentar nuestra sensibilidad a las posibles amenazas. Así que es normal que una persona temerosa se sobresalte al oír un ruido, pero esa reacción tiende a desaparecer cuando se siente uno más a salvo.

Sensibilidad aguda a los sonidos y la visión

Algunos son naturalmente más sensibles a las sensaciones. Además, si estás ansioso, las sensaciones pueden aumentar: es otro modo en el que el cuerpo se prepara para enfrentarse a un peligro.

Músculos tensos

Las personas suelen tensar los músculos para evitar el temblor o para tratar de «seguir al mando». Piensa, ¿estás tensando los músculos? ¿Qué pasaría si dejaras de hacerlo? Véase capítulo 3.

Malestar y dolores

El dolor es la manera en que el cuerpo nos informa de que algo va mal. Por desgracia, el dolor no nos informa de cuál es el problema, así que además de dolor tenemos incertidumbre. Tratar de averiguar qué causa el dolor puede ser tentador, pero puede hacer que temas lo peor. ¿Qué te resultaría de mayor ayuda: convencerte de que es algo catastrófico sólo para estar seguro, o renunciar a la seguridad y aceptar que podría deberse a diversas causas, algunas malas y otras inocuas? Si sabes con seguridad qué te causa el dolor y lo estás tratando correctamente, ¿puedes aceptarlo y tratar de centrarte en otras cosas durante algunos minutos? (Véase también BRC, capítulo 3.)

Falta de aire

El cuerpo nos prepara para enfrentarnos a un peligro acelerando nuestra respiración. Lo logra haciendo que sintamos que nos falta el aire, y lo compensamos respirando más profunda y rápidamente (hiperventilación). Ello puede hacer que sintamos un hormigueo, un mareo o «una sensación de irrealidad» (Véase capítulo 3).

Hormigueo

Es una respuesta normal a la hiperventilación, a respirar más rápida y profundamente cuando estamos ansiosos. No es dañino, pero puede provocar sensaciones extrañas. Una de éstas es el hormigueo o los calambres, a menudo en brazos o piernas. Desaparece tras algunos minutos y ralentizando la respiración.

Mareo o sensación de «irrealidad»

Es otro de los efectos que puede provocar la hiperventilación y que desaparecen con el tiempo.

También se cree que el cerebro es capaz de bloquear las respuestas emocionales de manera pasajera, si éstas se vuelven demasiado intensas. Esto se denomina disociación y es un fenómeno temporal. «Conectarse a tierra» centrándose en un objeto puede ser útil, por ejemplo apretando una pelota de goma blanda, que te ayudará a volver a centrarte en el mundo exterior.

Experiencias «extracorporales»

No se sabe exactamente qué son. Suelen estar provocadas por situaciones estresantes, pero no siempre. Quizá sean una manera en que la mente evita sentir emociones extremas y son otra forma de disociación (véase párrafo anterior).

Sensación de vahído

El temor suele acelerar los latidos del corazón y aumenta la presión sanguínea, así que es imposible desmayarse. A veces un vahído en realidad es un aturdimiento provocado por la hiperventilación (véase capítulo 3). Al parecer, hay un solo temor capaz de provocar un desmayo: el temor a la sangre o a las inyecciones. Una manera de evitarlo es tensar brevemente los músculos cuando estás a punto de enfrentarte a la situación: ayuda a mantener la presión alta y evita que te desmayes.

Sensación de quedarse paralizado, debilidad o temblores

La parálisis es otra reacción provocada por el temor. Los animales se paralizan cuando perciben la presencia de un predador para que éste no detecte sus movimientos. Muchos reaccionamos del mismo modo ante una situación que consideramos peligrosa, aun cuando esa reacción no es de utilidad para los humanos. La parálisis desaparece cuando la persona se acostumbra a la situación.

Ruborizarse

Ruborizarse es una reacción normal cuando sentimos que somos el centro de atención. ¿Has observado a los demás para ver si se ruborizan? Cuando alguien se ruboriza, ¿los demás siempre lo notan?

Imágenes mentales

Todos experimentamos imágenes mentales y muchos dicen que les sirven para recordar lugares y viajes. Algunas imágenes son recuerdos de cosas que han ocurrido, mientras que otras son fruto de la imaginación.

Imágenes mentales angustiosas

Algunas imágenes mentales son más vívidas e intensas que otras, sobre todo cuando estás muy estresado. Eso es normal: después de un trauma es normal tener recuerdos recurrentes intensos. No son perjudiciales, pero a menudo hacen que nos sintamos como si ocurrieran en la vida real.

Llorar o alterarse

Algunas personas creen que llorar indica debilidad y reprimen los sentimientos que podría provocar el llanto. Pero es evidente que eso no puede ser verdad. No solemos criticar a quienes lloran tras sufrir un trauma intenso, ni siquiera tras un gran triunfo, como un atleta que gana una medalla olímpica. Así que, al parecer, el llanto puede ser algo normal en lo cotidiano. Algunos creen que si se echan a llorar, no pararán jamás, ¿acaso podría ser cierto? ¿Conoces a alguien que haya llorado interminablemente durante muchos días? El llanto indica que estás angustiado, pero no es algo peligroso.

Enfadarse o perder el control

Con frecuencia, las personas creen que su enfado no está justificado, que no debería expresarse y que si se enfadan podrían perder el control. Enfadarse es una reacción normal que todos experimentamos de vez en cuando. Se diferencia de sentir hostilidad por los demás, sentirse agresivo o fuera de control. Que te haya ocurrido en el pasado no significa que tenga que volver a ocurrirte. Cuando las personas aprenden a aceptar su enfado, tienden a reaccionar mejor (por ejemplo, poniéndose en el lugar del otro o encontrando un modo de explicarle por qué sus palabras les han molestado).

Ideas o impulsos extraños

En su mayoría, las personas dicen que de vez en cuando se les ocurren cosas que no se corresponden con su manera de ser. Éstas pueden incluir el impulso a gritar en un lugar silencioso o pegarle un puñetazo a alguien. Al parecer, nuestras ideas a veces carecen de sentido.

Pensamientos atropellados

A menudo, puede que tengas la sensación de que tus pensamientos se atropellan cuando has estado reflexionando acerca de algo durante mucho tiempo: es como si hubieras estado empujando un carro para ponerlo en movimiento y ahora ha adquirido la suficiente velocidad para seguir solo (pero después de un rato se ralentizará). A lo mejor podrías reflexionar acerca de la frecuencia con la que necesitas dar vuelta a las cosas en tu cabeza.

A veces, las bebidas que contienen cafeína o la falta de sueño pueden provocar pensamientos atropellados; sólo es una reacción pasajera.

Oír voces

No es algo común, pero tampoco es tan raro como se cree, y ciertamente no es algo que sólo les ocurre a las personas con «trastornos mentales graves». Un estudio demostró que ocho de cada diez personas que recientemente han sufrido la pérdida de un ser querido han oído su voz durante el mes siguiente. Algunos dicen que sus pensamientos son tan sonoros que parecen voces.

Cualquier cambio

Las personas pueden sufrir estados de ánimo en los que cualquier cosa que les llama la atención parece capturarlas y atemorizarlas. Puede resultar muy angustioso y hacer que se sientan vulnerables y fuera de control. Este estado es otra forma de la disociación y es pasajero. «Conectarte a tierra» mediante un objeto —como una pelota de goma que puedes apretar— quizá te resulte útil porque te ayudará a volver a centrar tu atención en el mundo exterior. Se trata de una estrategia temporal para enfrentarse a la ansiedad que se tiende a dejar de lado en cuanto todo recupera la normalidad.

Apéndice 2

Nombres de los principales «trastornos de ansiedad» y de sus síntomas

Ten en cuenta que es normal encajar en más de una de estas categorías: además de ser preocupantes y causar todo tipo de temores, tienden a solaparse hasta cierto punto. Quizá tus propios temores no encajen exactamente en una de estas categorías; en cada una de ellas, el temor y sus efectos (como evitar situaciones) han de tener un impacto en tu vida —o has de estar muy angustiado por sufrir ese temor— para que sean consideradas trastornos de ansiedad.

Fobia específica

La persona teme algo en particular: un objeto, un animal, una situación: casi siempre siente ansiedad al experimentarla y se esfuerza por evitarla. Las certezas de las personas con fobias varían mucho de unas a otras. Por ejemplo: en el caso de la claustrofobia, la persona teme quedar atrapada y no poder escapar. En la fobia con respecto al vómito, cree que no dejará de vomitar si ingiere ciertos alimentos o bebidas. Cada uno tiene sus propias

certezas acerca de los acontecimientos espantosos que
ocurrirán si se enfrentan a lo que les produce temor, y eso
a menudo depende de sus propias experiencias, lo que han
presenciado o lo que les han dicho.

Trastorno de pánico

La persona sufre ataques de pánico de forma regular,
algunos «cuando menos se lo espera». Les preocupa sufrir un ataque en el futuro. Un ataque de pánico supone
un repentino ataque de ansiedad, síntomas físicos como
sudoración y náuseas y la sensación de que algo fatal está
por ocurrir. Durante un ataque de pánico, las personas a
menudo creen que morirán, se volverán «locas» o perderán el control sobre sus actos.

Agorafobia

Supone evitar situaciones de las que resulta difícil escapar, como la calle, el supermercado y los transportes
públicos, por temor a sufrir un ataque de pánico y sus
consecuencias.

Fobia social

La persona teme ser examinada, avergonzada o humi-
llada por los demás en ciertas situaciones. El temor puede estar centrado en la actuación ante un público, como
al hacer un discurso o someterse a una entrevista, o puede ser mucho más amplio, como el temor a conocer gente
nueva o a hablar con los colegas profesionales.

Trastorno obsesivo-compulsivo (TOC)

La persona se ve afectada por ideas angustiosas que le vienen a la cabeza y que trata de controlar mediante conductas repetitivas, tales como comprobar, limpiar, acumular o contar y varían de una persona a otra. Quienes sufren un TOC tienden a creer que son responsables de las cosas malas que les ocurren, tanto a ellos como a los demás, y que sus ideas hacen que sea más probable que éstas ocurran.

Trastorno por estrés postraumático

La persona tiene recuerdos, pesadillas o sensaciones físicas causadas por un trauma del pasado (una agresión física o sexual, una muerte o un desastre natural) durante el cual experimentó temor, impotencia o espanto. Está alerta al peligro, intenta evitar el recuerdo de la experiencia traumática y a menudo se culpa a sí misma por el trauma o por cómo se enfrentó a éste.

Trastorno de ansiedad generalizado

La persona siente preocupación por una amplia gama de cosas distintas y casi siempre sufre síntomas físicos de ansiedad (por ejemplo: tensión o agitación). Considera que su preocupación es incontrolable.

Otros temores que normalmente no pertenecen a la categoría de trastornos de ansiedad pero que podrían aliviarse gracias al enfoque de este libro

Problemas con la alimentación

El temor a aumentar de peso o a cambiar de aspecto corporal, que conduce a una reducción drástica de la ingesta de alimentos. Ejemplos de diagnóstico son la anorexia y la bulimia.

Temor a sufrir una enfermedad prolongada

La preocupación de sufrir una enfermedad grave no diagnosticada que los médicos son incapaces de detectar. A veces se denomina hipocondriasis, trastorno de somatización o hipocondría.

Problemas del estado de ánimo

El temor a los cambios repentinos del propio nivel de energía o del estado de ánimo (por ejemplo: tristeza, ira o excitación), puede provocar intentos extremos de controlarlos. Algunos de los que sienten estos temores han sido diagnosticados con un «trastorno bipolar».

Problemas con el sueño (como el insomnio)

Es el temor a las consecuencias de dormir mal, que hace que la persona se preocupe por dormir poco y trate de controlarlo, por ejemplo tomando somníferos.

Temores inusuales

Muchos individuos sufren temores muy especiales, que muy pocos comprenderían. Pueden suponer ideas acerca de ciertas personas, o poderes especiales que parecen comunicarse con ellos o dirigirse directamente a ellos. Si esos temores son agudos y tienen un gran impacto sobre su conducta, puede que les diagnostiquen una «esquizofrenia», un «trastorno esquizo-afectivo» o un «trastorno delirante». Hay muchas personas que tienen certezas similares, pero como éstas no afectan a su conducta de manera demasiado negativa, no les diagnosticarían un trastorno de este tipo.

«Adicciones»

Hay personas que beben alcohol, toman drogas o tienen ciertos intereses a los que les cuesta renunciar o controlar. Cuando intentan dejarlos se sienten ansiosos o sufren otros estados de ánimo desagradables. Por eso, quienes intentan enfrentarse a los estados provocados por el intento de abandonar una adicción pueden echar mano de un enfoque muy similar al que se describe en este libro.

Apéndice 3

¿A qué se parece la ansiedad? Analogías útiles para enfrentarse a la ansiedad

Responsabilidad de enfrentarse en otras áreas de nuestra vida

Es muy probable que algunas causas de las ansiedades y las fobias residan en otras personas, en lo que te han hecho en el pasado —o dejado de hacer— o en el presente. ¿Por qué habrías de ser tú quien se haga cargo y aprenda a enfrentarse a la ansiedad? Ésta es una reacción muy comprensible. Un ejemplo cotidiano puede proporcionar otro modo de enfocar este tema. Imagina que estás conduciendo y otro choca contigo y te daña el coche. ¿Quién tiene la culpa? El otro, obviamente, y su seguro pagará los daños. Pero ¿quién ha de ponerse en contacto con la aseguradora, conducir el coche hasta el garaje y comprobar que ha sido reparado? Tú. En este ejemplo, aun cuando otro es el responsable, aceptamos que nosotros también hemos de hacer algo. ¿Podría aplicarse a enfrentarse a la ansiedad?

Imagina que tu vida es como un ovillo de hilo

Imagina que tu vida es como un ovillo de hilo enmarañado y tirado en el suelo. Las hebras y los lazos enredados representan tus problemas. ¿Cómo harías para desenredar el ovillo y poder usarlo? ¿Tirarías de las hebras porque no soportas el enredo? Si lo hicieras, quizá convertirías los lazos en nudos apretados aún más difíciles de desanudar, y el ovillo podría enredarse todavía más. Otra opción sería examinar minuciosamente los lazos y empezar a desenredarlo poco a poco. Te llevaría más tiempo pero el producto final te resultaría más útil. Esta analogía demuestra que podemos complicarnos la vida luchando con demasiada insistencia. Aunque nos lleve más tiempo, sería mejor estudiar nuestras experiencias, tratar de comprenderlas y usar algunas de las estrategias de eficacia comprobada para aprender a enfrentarnos mejor a nuestros problemas.

Pensamientos como nubes

Nuestros pensamientos pueden absorbernos, por ejemplo cuando nos preocupamos o estamos «cavilando». El problema es que al sumirte en tus pensamientos te alejas del mundo real, de lo que realmente ocurre allí fuera. Una técnica para resolverlo es imaginarte que tus pensamientos son como nubes, así que cuando estás pensando en algo, intenta introducir la idea mentalmente en una nube y después observa cómo se desplaza. Puede que se aleje flotando sin atraparte o que tengas que luchar con ella. Al principio, resulta difícil ponerlo en práctica, pero aprenderás a hacerlo mejor con el tiempo.

Hacer frente a la sensación de ansiedad

Una manera de hacerlo es imaginar que la sensación de ansiedad es como una ola: no puedes detenerla ni hacerla retroceder, pero puedes zambullirte y salir del otro lado.

Aprender a enfrentarte a tus problemas equivale a hacer un viaje

El mar es una excelente metáfora de las sensaciones y, al parecer, las representa en nuestros sueños. No podemos controlar el mar, es una «fuerza de la naturaleza». La mayoría no puede atravesar el mar a nado, pero puede hacerlo en barco, aunque éste no controla el mar: se enfrenta a él y avanza pese a las grandes olas. Construir un barco requiere un saber y materias primas. De un modo similar, enfrentarse a la ansiedad es un proceso que supone incrementar el saber y los recursos para avanzar y llegar a donde quieres llegar, pese a la presencia del mar, que a veces puede estar embravecido. Al igual que si emprendieras un viaje, quizá no zarpes si el mar está muy agitado, pero sabes que para llegar a destino al final tendrás que cruzarlo. Puedes practicar haciendo viajes cortos o cuando el mar esté en calma. El mar es una realidad y has de aprender a enfrentarte a él.

Apéndice 4

Algunas palabras...

Tal vez hayas notado que en este libro empleo cierto tipo de palabras. Creo que es útil tener en cuenta que algunas de las palabras que elegimos usar pueden obstaculizar los intentos de una persona de enfrentarse a sus problemas, mientras que otras le serán de ayuda. He aquí algunas palabras que deben tenerse en cuenta.

Tabla A.4 Algunas palabras...

¡Palabras que nunca has de usar porque no se aplican a una persona, sólo a un objeto!

ruina	escoria	patético	desastre	inútil

Palabras y frases que has de usar con mucha precaución: detente y reflexiona si eso es lo que realmente quieres decir.

debería	irracional	ilógico	cierto	siempre
¿por qué yo?	imposible	deshacerse de	nunca	todo
parar, dejar de	estúpido	perfecto	tonterías	desastre
ridículo	No me lo puedo	saber	completamente	
todo el tiempo	creer...	definitivamente	¿Y si...?	
nada	Ojalá...	sólo que...	sentido común	
deber	tener que	obvio	imperdonable	

¡Palabras que parecen ayudar cuando las utilizas!

probar	amable	cuidar	pensamiento	pensar
ver	a menudo	sensación	construir	fuerza
a veces	considerar	paso	aprender	desarrollar
reflexionar	valor	ocurrir	flexible	comprender
aceptar	curioso	capaz	viaje	descubrir
interesante	posible	sensatez	recurso	recuperarse
experiencia	plan	esperanza	desafío	
útil	enfrentarse a	objetivo	no sirve de nada	
notar	los problemas	incierto		

Apéndice 5

Lecturas recomendadas

Abajo figuran algunos libros y artículos que te podrían resultar útiles. En general, concuerdan con el enfoque de este libro y algunos desarrollan ideas que he presentado aquí. Algunos también incluyen otras ideas y opiniones que podrás evaluar por ti mismo. ¡Que lo disfrutes!

BURNS, DAVID: *Feeling Good: The New Mood Therapy*, Avon Books, 2000. [Versión en castellano: *Sentirse bien: una nueva fórmula contra las depresiones*, Paidós Ibérica, Barcelona, 2007.]

BUTLER, GILLIAN y TONY HOPE: *Manage Your Mind*, Oxford University Press, 1995.

CARTWRIGHT-HATTON, SAM: *Coping with an Anxious or Depressed Child*, Oneworld Publications, 2006.

FENNELL, MELANIE: *Overcoming Low Self Esteem*, Constable & Robinson, 1999.

GILBERT, PAUL: *Overcoming Depression*, Constable & Robinson, 2000.

KABAT-ZINN, JON: *Calming Your Anxious Mind: How*

Mindfulness and Compassion Can Free Your of Anxiety, Fear and Panic, New Harbinger Publications, 2003.

KENNERLEY, HELEN: *Overcoming Childhood Trauma*, Constable & Robinson, 2000.

LEAHY, BOB: *The Worry Cure: Stop Worrying and Start Living*, Piatkus Books, 2006.

SMITH, SPENCER y STEVEN C. HAYES: *Get Out of Your Mind and into Your Life: The New Acceptance and Commitment Therapy*, New Harbinger Publications, 2005.

WEEKES, CLAIRE: *Hope and Help for Your Nerves: Learn to Relax and Enjoy Life by Overcoming Nervous Tension* (audiolibro), Thorson's Audio, 1996.

Para quienes quieran profundizar en el tema:

BECK, AARON T.: *Cognitive Therapy and the Emotional Disorders*, Penguin, 1976/1991. [Versión en castellano: *Terapia cognitiva de los trastornos de personalidad*, Paidós Ibérica, Barcelona, 2005.]

BENNETT, JAMES *et al.*: *The Oxford Guide to Behavioural Experiments in Cognitive Therapy*, Oxford University Press, 2004.

BREGGIN, PETER R. y DAVID COHEN: *Your Drug May Be Your Problem: How and Why to Stop Taking Psychiatric Medications*, Da Capo Press, 2000. Véase también www.breggin.com

CLARK, DAVID: «The Cognitive Approach to Panic», *Behaviour Research and Therapy*, 24 (1986), 461-470.

HARVEY, ALLISON; EDWARD, WATKINS; WARREN, MANSELL; y ROZ, SHAFRAN: *Cognitive Behavioural*

Processes Across Psychological Disorders: A Transdiagnostic Approach to Research and Treatment, Oxford University Press, 2004.

HORNEY, KAREN: *Our Inner Conflicts: A Constructive Theory of Neurosis*, W. W. Norton & Co., 1945/1993.

RACHMAN, JACK y PADMAL DE SILVA: «Abnormal and Normal Obsession», *Behaviour Research and Therapy*, 16 (1978), 233-248.

SALKOVSKIS, PAUL: «The importance of behaviour in the maintenance of anxiety and panic: a cognitive account», *Behavioural Psychotherapy*, 19 (1991), 6-19.

WELLS, ADRIAN: *Cognitive Therapy for Anxiety Disorders: A Practical Guide*, John Wiley & Sons, 1997.

Y para saber aún más:

CAREY, TIMOTHY A.: *The Method of Levels: How to do Psychoterapy Without Getting in the Way*, Living Control System Publishing, 2006. Véase también www.livingcontrolsystem.com

MANSELL, WARREN: *The Bluffer's Guide to Psychology*, Oval Books, 2006.

MINSKY, MARVIN: *The Society of Mind*, Picador Books, 1988.

POWERS, WILLIAM T.: *Making Sense of Behaviour: The Meaning of Control*, Benchmarck Publications Inc., 1998.

Índice temático

síntomas físicos, *véase* sensaciones físicas
situación
elegir una 119-122
provocadora de ansiedad 88
sobresaltar 67, 202
sueño, dificultad para conciliar 29, 47, 80, 192, 207, 212
superar la ansiedad 24-25, 35, 98-99, 110, 154, 168, 174
supervivencia, *véase* evolución
Szasz, Thomas 163, 177, 185

TAG, *véase* trastorno de ansiedad generalizada
talentos, *véase* virtudes
taquicardia 19, 88-93, 201-202
TCC, *véase* Terapia Cognitiva Conductual
Teasdale, John 50
técnicas, *véase* estrategias para enfrentarse a los problemas
temblor, *véase* sensaciones físicas
temores
infantiles 73-74
irracionales/racionales 18-19, 20, 28-29, 66, 153
lo que más temes 125, 131, 134, 170
normales 18-19, 63-85, 171
véase también fobias y cada origen del temor, p. ej., ascensores, autobuses
tensión en el pecho, *véase* sensaciones físicas

tensión, *véase* sensaciones físicas
TEPT, *véase* trastorno por estrés postraumático
terapia 75, 186-191
terapia conductual, *véase* terapia
terapia familiar, *véase* terapia
Terapia Cognitiva Conductual 25-26, 99, 188-191
Terapia Cognitiva, *véase* Terapia Cognitiva conductual
Thurber, James 45
timidez, *véase* ansiedad social
TOC, *véase* trastorno obsesivo-compulsivo
tomar nota, *véase* atención
trabajo, impacto en el, *véase* fobias, consecuencias
Tracy, Brian 87
tranquilizarse, *véase* compasión
transporte público, *véase* viajar
trastorno bipolar 162; *véase también* manía
trastorno de ansiedad generalizada 27, 29
trastorno de pánico 27, 31-34, 41, 47, 210
trastorno de somatización, *véase* enfermedad física, temor a
trastorno esquizo-afectivo, *véase* psicosis
trastorno motor neuronal, *véase* enfermedades físicas
trastorno obsesivo-compulsivo 20, 27, 33, 101-102, 211
trastorno por estrés postraumático 20, 27, 29-30, 32, 75, 84, 115, 211

trastorno psicológico grave 20
trastornos de ansiedad 27, 31-36, 209-211
   preponderancia 27, 160
trastornos de la alimentación 35, 92, 212
tratamiento 22, 185-196
tratamiento psicológico, *véase* terapia
trauma 32, 75, 115, 145, 154, 174, 206, 211; *véase también* trastorno de estrés postraumático
tristeza, *véase* emociones
Twain, Mark 17
único, *véase* diferente

urgencia, *véase* emergencia

valores, *véase* compromiso

vergüenza, *véase* ansiedad social
viajar, miedo a 29, 41, 47-48, 72, 80, 103-104, 125, 155
vida, recuperar, *véase* superar la ansiedad
violación, *véase* trauma
violencia, *véase* grosería, trauma
virtudes 28, 40-41, 58, 104-105, 132, 180, 182-184, 189, 217
vitaminas, *véase* dieta
voces, oír 123, 207
volar, *véase* viajar, temor a
vomitar, temor a 209

Wells, Adrian 50, 98, 146, 149
Williams, Mark 50

zona de seguridad 120

OTROS TÍTULOS
DE LA COLECCIÓN

LA DIETA DEL GENOTIPO

Peter J. D'Adamo

El doctor Peter J. D'Adamo, autor del *best-seller* internacional *Los grupos sanguíneos y la alimentación*, nos presenta ahora una novedosa dieta basada en el código genético personal, que sintetiza los resultados de más de una década de investigaciones.

«Nuestra herencia genética es algo que no podemos modificar. Lo que sí podemos —sostiene el doctor D'Adamo—, es potenciar al máximo nuestros genes favorables y minimizar la influencia de los negativos.» El autor identifica seis tipos genéticos únicos: Cazador, Recolector, Maestro, Explorador, Guerrero y Nómada, y ofrece programas específicos para perder peso, disfrutar de una buena salud y prevenir enfermedades.

En este libro encontrarás instrucciones que te permitirán averiguar tu tipo genético, y un plan personalizado que te permitirá mejorar notablemente tu salud, vivir más años y sentirte mejor que nunca.

AVENTURAS DE UNA GALLINA EMPRENDEDORA

Menchu Gómez y Rubén Turienzo

La gallina Popeya tiene un sueño: montar una fábrica de huevos a las finas hierbas al otro lado de la peligrosa carretera. Con valentía y buen humor, la intrépida gallina y sus amigos de Chicken City emprenderán la gran aventura de trabajar en equipo para hacer realidad el proyecto.

Los autores se valen de esta divertida historia para enseñarnos a negociar con eficacia, promover relaciones enriquecedoras con los demás, transformar los problemas en oportunidades, focalizar nuestras energías, conseguir una comunicación efectiva y enfrentarnos a las dificultades con optimismo y autoconfianza.

Advertencia: ¡la lectura de este libro te dará ganas de comerte el mundo!